Wok
Grillen
Tapas
Schokolade
Schnelle Gerichte
Cocktails
Desserts
Partyküche
Cupcakes & Muffins
Vegan
Säfte & Shakes
Studenten Küche
Vegetarisch
Backen

Zuckerfreie Küche

Weniger Zucker – mehr Genuss!

Parragon

Bath • New York • Cologne • Melbourne • Delhi
Hong Kong • Shenzhen • Singapore

Parragon Books Ltd
Chartist House
15–17 Trim Street
Bath BA1 1HA, UK
www.parragon.com

Realisation der deutschen Ausgabe: trans texas publishing services GmbH, Köln
Satz: lesezeichen Verlagsdienste, Köln

ISBN 978-1-4748-3750-7

Printed in China

Hinweis

Sofern die Schale von Zitrusfrüchten benötigt wird, verwenden Sie unbedingt unbehandelte Früchte. Sind Zutaten in Löffeln angegeben, ist immer ein gestrichener Löffel gemeint. Ein Teelöffel entspricht 5 ml, ein Esslöffel 15 ml.

Sofern nicht anders angegeben, wird Vollmilch (3,5 % Fett) verwendet. Es sollte stets frisch gemahlener schwarzer Pfeffer verarbeitet werden.

Bei Eiern und einzelnen Gemüsesorten, z. B. Kartoffeln, verwenden Sie mittelgroße Exemplare. Kinder, ältere Menschen, Schwangere, Kranke und Rekonvaleszenten sollten auf Gerichte mit rohen oder nur leicht gegarten Eiern verzichten.

Die angegebenen Zeiten können von den tatsächlichen leicht abweichen, da je nach verwendeter Zubereitungsmethode und vorhandenem Backofentyp Schwankungen auftreten.

Inhaltsverzeichnis

Einleitung

Unsere ältesten Vorfahren kannten Zucker nur aus Früchten: den Fruchtzucker (Fruktose). Seitdem ist unser Leben immer süßer geworden. Vor allem in industriell gefertigten Speisen und Getränken wird Zucker als Geschmacksverstärker und Konservierungsmittel verarbeitet. Das ist nicht ohne Folgen geblieben: Viele Menschen sind zu dick, darunter auch schon viele Kinder. Süßigkeiten zur Belohnung und als Trost, als Snack und in Form süßer Getränke – daran gewöhnt man sich allzu leicht, und so können auch Erwachsene kaum mehr davon lassen. Was also tun?

Versuchen Sie, sich von intensiver Süße zu entwöhnen und wieder zu einem natürlichen Geschmacksempfinden zu gelangen. Speisen völlig ohne Zucker auf den Teller zu bringen, also auch ohne Milchzucker, Fruchtzucker oder Honig, ist kaum möglich und auch nicht nötig. Ziel ist es, den eigentlichen Geschmack von Lebensmitteln wiederzuentdecken. Zugegeben, das kann eine Weile dauern. Aus diesem Grund finden Sie in

diesem Buch nicht nur Süßspeisen, sondern zahlreiche Rezepte, die Sie den Heißhunger auf Süßes vergessen lassen. Wer tagsüber einen gesunden Snack verzehrt hat, am Arbeitsplatz, unterwegs oder daheim, den kann ein Schokoladenriegel an der Supermarktkasse gar nicht erst locken.

Desserts und Kuchen sind auch bei einem zuckerreduzierten Speiseplan erlaubt. Vollreife, frische Früchte machen den Einsatz von zusätzlichem Zucker unnötig. Gekaufte Müslis und Getreideriegel sind oft viel zu süß, auch wenn sie mit Honig zubereitet sind. Eigentlich werden beim gründlichen Kauen von Getreide Kohlehydrate schon im Mund zu Zucker umgewandelt und schmecken umso süßer, je länger man kaut. Dieses sorgfältige Zerkleinern der Speisen dankt Ihnen übrigens auch der Verdauungsapparat.

Selbst kochen und backen ist schließlich das Geheimnis, um von einem gesteigerten Zuckerkonsum wegzukommen. Beginnen Sie mit sättigenden und abwechslungsreichen Hauptgerichten und verringern Sie den Einsatz von Zucker in Süßspeisen. Sie werden sehen: Spätestens nach ein paar Monaten haben Sie kaum noch Verlangen nach sehr Süßem.

Versuchen Sie parallel, dauerhaft auf süße Getränke zu verzichten. Nicht nur zuckrige Limonaden und Trendgetränke schlagen mit enormen Kalorienmengen zu Buche, auch vermeintlich gesunde Varianten wie Schorlen oder Smoothies können im Vergleich zu frischem Obst, möglichst mit Schale, nicht punkten, außer bei den Kalorien.

Frische Fitmacher

Haferriegel mit Blaubeeren

Frische Fitmacher

Zutaten für 12 Riegel

- 115 g Butter
- 100 g Quinoamehl
- 100 g Haferflocken
- 1 Prise Meersalz
- ½ TL frisch geriebene Muskatnuss
- 1 TL gemahlener Zimt
- ½ TL gemahlener Piment
- ½ TL Backpulver
- ½ TL Natron
- 2 EL Reissirup
- 1 Ei (Größe L), verquirlt
- 60 g frische Blaubeeren
- 30 g Cranberrys, grob gehackt (optional)

So geht's

Den Backofen auf 160 °C vorheizen. Eine Backform (26 cm x 16 cm) mit Backpapier auskleiden. Die Butter in einem kleinen Topf zerlassen und in eine große Schüssel füllen.

Bis auf Blaubeeren und Cranberrys die restlichen Zutaten zugeben und sorgfältig mit der Butter vermengen. Die Beeren vorsichtig unterheben.

Den Teig in die Form füllen und mit einem Löffelrücken gleichmäßig verteilen. Im vorgeheizten Ofen 20–25 Minuten goldbraun backen.

Etwa 10 Minuten in der Form abkühlen lassen. Dann in zwölf Riegel schneiden und vollständig abkühlen lassen. Sofort servieren oder bis zu drei Tage in einem luftdicht schließenden Behälter aufbewahren.

Knusperjoghurt

Frische Fitmacher

Zutaten für 2 Portionen

- 2 TL Kürbiskerne
- 2 TL Leinsamen
- 2 TL Chiasamen
- 200 g Joghurt (10 % Fett)
- abgeriebene Schale von 1 kleinen Bio-Orange, plus 1 TL Saft

So geht's

Eine kleine Pfanne auf mittlerer Stufe erhitzen. Kürbiskerne und Saaten hineingeben und unter ständigem Rühren mit einem Holzlöffel rösten, bis sie Farbe annehmen und ihr nussiges Aroma verströmen. Auf einen Teller geben und abkühlen lassen.

Den Joghurt in zwei Servierschalen oder Dessertgläser füllen. Zuerst die Saaten, dann die Orangenschale darüberstreuen. Mit Orangensaft beträufeln und sofort servieren.

Porridge

Frische Fitmacher

Zutaten für 2 Portionen

- 100 g kernige Haferflocken
- 1 kleine Prise Salz
- 3½ EL Schlagsahne, plus etwas mehr zum Servieren
- 1 EL Kürbiskerne
- 6 große Brombeeren, geviertelt

So geht's

Die Haferflocken mit dem Salz in einen mittelgroßen Topf geben. 600 ml kaltes Wasser zugießen und zum Kochen bringen. Dann die Hitze auf niedrige bis mittlere Stufe reduzieren und die Haferflocken 5–6 Minuten unter regelmäßigem Rühren köcheln lassen, bis der Brei eingedickt ist.

Die Sahne unterrühren. Den Porridge in zwei Schalen füllen. Mit Kürbiskernen und Brombeeren anrichten. Falls gewünscht, sofort mit etwas zusätzlicher Sahne servieren.

Knuspermüsli

Frische Fitmacher

Zutaten für 6 Portionen

- 100 g kernige Haferflocken
- 10 g Kokoschips
- 20 g Kürbiskerne
- 20 g Mandelblättchen
- 20 g Pekannusskerne
- 55 g Leinsamen
- 20 g Mandelmehl
- 1 TL gemahlener Zimt
- ½ TL gemahlener Ingwer
- 1 Prise Meersalz
- 55 g Mandelmus
- 70 g Butter
- 2 EL Naturjoghurt, zum Servieren

So geht's

Den Backofen auf 160 °C vorheizen. Haferflocken, Kokoschips, Kürbiskerne, Mandelblättchen und Pekannüsse im Mixer mit der Pulse-Funktion grob zerkleinern. In eine große Schüssel füllen und Leinsamen, Mandelmehl, Gewürze und Salz untermischen.

Mandelmus und Butter in einem kleinen Topf unter Rühren zerlassen. Über die Trockenzutaten gießen und sorgfältig untermischen.

Die Masse gleichmäßig in einer großen Auflaufform verteilen und im vorgeheizten Ofen 15 Minuten backen. Abkühlen lassen.

Die Form rütteln, um das Müsli in Stücke zu brechen. Mit Naturjoghurt servieren. Das Müsli hält sich bis zu einer Woche in einem luftdicht schließenden Glas.

Gemüse-Burrito

Frische Fitmacher

Zutaten für 1 Portion

- 2 Eiweiß
- 1 Prise Salz
- ¼ TL Pfeffer
- 1 Frühlingszwiebel, in feinen Ringen
- 1 Sprüher Pflanzenöl aus der Spraydose
- 30 g rote oder grüne Paprika, klein gewürfelt
- 2 EL schwarze Bohnen aus der Dose, abgespült
- 1 Vollkornweizen-Tortilla, erwärmt
- 2 EL zerkrümelter vegetarischer Feta
- 2 EL Salsa
- 1 TL fein gehackter frischer Koriander

So geht's

In einer kleinen Schüssel Eiweiß, Salz, Pfeffer und Frühlingszwiebel sorgfältig verrühren.

Eine beschichtete Pfanne mit dem Pflanzenöl einsprühen und bei mittlerer bis starker Hitze heiß werden lassen. Die Paprika darin etwa 3 Minuten unter Rühren anbraten, bis sie weich wird. Die Hitze auf mittlere Stufe reduzieren und die Eiweißmischung zufügen. Unter Rühren 1–2 Minuten anbraten, bis die Masse zu stocken beginnt.

Die Bohnen in eine mikrowellengeeignete Schale geben und in der Mikrowelle etwa 1 Minute bei voller Leistung erhitzen.

Die Paprikamischung auf der Tortilla verteilen. Bohnen, Feta, Salsa und Koriander darübergeben und sofort servieren.

Avocado-Frittata

Frische Fitmacher

Zutaten für 4 Portionen

- 6 Eier, verquirlt
- 3 EL Schlagsahne
- 1 EL Pflanzenöl
- 8 Scheiben durchwachsener Frühstücksspeck, grob gehackt
- 2 große Avocados, geschält, in Scheiben geschnitten
- 1 rote Peperoni, entkernt und in feine Ringe geschnitten
- ½ Limette
- Meersalz und Pfeffer

So geht's

Den Backofengrill vorheizen. Die Eier in einer Schüssel mit der Sahne verrühren und mit Salz und Pfeffer würzen. Das Öl in einer ofenfesten Pfanne (20 cm Ø) erhitzen und den Speck darin bei mittlerer Hitze 4–5 Minuten unter Rühren braten, bis er knusprig und braun ist. Mit einem Schaumlöffel auf einen Teller mit Küchenpapier legen und abtropfen lassen.

Nun die Eier in die Pfanne gießen und 1–2 Minuten ohne Rühren stocken lassen. Speck und Avocadoscheiben hineingeben und weitere 2–3 Minuten garen, bis die Frittata fast fest und die Unterseite gebräunt ist.

Die Frittata unter dem heißen Grill 3–4 Minuten garen, bis auch die Oberseite gebräunt und gestockt ist. Die Peperoni darauf verteilen und mit Limettensaft beträufeln. In Stücke schneiden und servieren.

Vollkorncrêpes

Frische Fitmacher

Zutaten für 6 Portionen

Füllung
- 1 EL Olivenöl
- 1 Knoblauchzehe, fein gehackt
- 1 Schalotte, fein gehackt
- 675 g kleine weiße Champignons, in Scheiben geschnitten
- ½ TL Salz
- ½ TL Pfeffer

Crêpes
- 150 g Weizenvollkornmehl
- 2 Eier (Größe L)
- 300 ml Magermilch
- ¼ TL Salz
- 2 EL zerlassene Butter
- 2 Sprüher Pflanzenöl aus der Spraydose
- 3 EL feine Schnittlauchröllchen, zum Garnieren
- 115 g saure Sahne, zum Servieren

So geht's

Für die Füllung das Öl in einer großen Pfanne auf mittlerer bis starker Stufe erhitzen. Knoblauch und Schalotte darin 5 Minuten unter gelegentlichem Rühren dünsten. Die Pilze zufügen und 5 Minuten unter Rühren garen, bis sie weich sind. Mit Salz und Pfeffer würzen und vom Herd nehmen.

Für die Crêpes Mehl, Eier, Milch, Salz und Butter in einer Schüssel mit dem elektrischen Handrührgerät zu einem glatten Teig verarbeiten.

Eine kleine, beschichtete Pfanne mit dem Pflanzenöl einsprühen und bei mittlerer Hitze heiß werden lassen. Den Teig kellenweise in die Pfanne geben und durch Schwenken darin verteilen, sodass etwa 15 cm große Crêpes entstehen. Etwa 1 Minute braten, bis die Unterseite leicht gebräunt ist. Mit einem Pfannenwender wenden und von der anderen Seite etwa 45 Sekunden braten. Die fertigen Crêpes aufeinanderstapeln und warm halten.

Die Crêpes mit je 2–3 Esslöffeln Pilzmischung füllen und zusammenklappen. Mit Schnittlauch garnieren und etwas saurer Sahne servieren.

Quinoasalat mit Kürbis

Frische Fitmacher

Zutaten für 2 Portionen

- 100 g Quinoa, abgespült
- 200 g Kürbisfleisch, in mundgerechte Würfel geschnitten
- 4 EL Olivenöl
- 1 Prise Cayennepfeffer
- 20 g Pinienkerne
- 3 EL frisch gehackte glatte Petersilie
- 20 g Babyspinat
- Saft von ¼ Zitrone, plus Zitronenspalten zum Servieren
- Meersalz und Pfeffer

So geht's

Den Backofen auf 180 °C vorheizen. Die Quinoa mit 350 ml kaltem Wasser in einen Topf geben und zum Kochen bringen. Dann mit aufgesetztem Deckel auf niedrigster Stufe etwa 10 Minuten garen. Den Topf vom Herd nehmen und die Quinoa mit geschlossenem Deckel weitere 7 Minuten quellen lassen. Mit einer Gabel auflockern.

Inzwischen den Kürbis in einer großen Auflaufform mit 2 Esslöffeln Öl, Cayennepfeffer und einer Prise Salz sorgfältig vermengen. Im vorgeheizten Ofen 25 Minuten garen, bis die Kürbiswürfel an den Rändern braun und weich werden. In eine große Schüssel geben.

Die Pinienkerne in einer Pfanne ohne Fettzugabe bei starker Hitze unter ständigem Rühren rösten, bis sie leicht gebräunt sind. Zum Kürbis geben. Quinoa, Petersilie und Spinat vorsichtig unterheben. Mit Salz und Pfeffer würzen.

Den Salat auf zwei Tellern anrichten. Mit dem restlichen Öl und dem Zitronensaft beträufeln. Mit Zitronenspalten zum Beträufeln servieren.

Griechischer Salat auf Crostini

Frische Fitmacher

Zutaten für 4 Portionen

- 1 Knoblauchzehe, zerdrückt
- 4 EL Olivenöl
- 2 Scheiben Saaten-vollkornbrot
- 200 g Feta, gewürfelt
- ¼ Gurke, klein gewürfelt
- 25 g schwarze Oliven, entsteint, in Ringe geschnitten
- 4 Eiertomaten, grob gehackt
- ½ kleine Zwiebel, grob gehackt
- 2 EL frische Minzeblätter, gehackt
- 2 Zweige frischer Oregano, gehackt
- 1 Salatherz, in feine Streifen geschnitten
- ½ TL geröstete Sesamsaat
- 2 TL Pinienkerne (optional)
- Pfeffer

So geht's

Den Backofengrill vorheizen.

Knoblauch und Öl in einer großen Schüssel verrühren. Die Brotscheiben auf den Ofenrost legen, leicht mit etwas Knoblauchöl bestreichen und mit ausreichend Abstand unter dem heißen Grill 2–3 Minuten goldbraun und knusprig rösten. Die Brotscheiben wenden, mit etwas Knoblauchöl bestreichen und weitere 2–3 Minuten rösten.

Feta, Gurke, Oliven, Tomaten, Zwiebel, Kräuter und Salat in die Schüssel geben und vorsichtig im restlichen Knoblauchöl wenden. Pfeffern.

Die Brotscheiben auf einen Teller legen und den Salat darauf verteilen. Mit Sesam und, falls verwendet, Pinienkernen bestreuen. Die Brotscheiben durchschneiden und pro Person eine Hälfte servieren.

Grapefruit-Orangen-Salat

Frische Fitmacher

Zutaten für 4 Portionen

- 1 pinkfarbene Grapefruit
- 1 gelbe Grapefruit
- 3 Orangen

So geht's

Grapefruits und Orangen mit einem scharfen Messer so schälen, dass auch die weiße Innenschale entfernt wird.

Das Fruchtfleisch von Grapefruits und Orangen zwischen den Trennhäuten herausschneiden. Dabei über einer Schüssel arbeiten, um den Saft aufzufangen. Kerne herauslösen. Die Fruchtfilets in der Schüssel vorsichtig vermengen. Abgedeckt bis zum Servieren im Kühlschrank kalt stellen. In vier Servierschalen anrichten und servieren.

Rhabarbermuffins

Frische Fitmacher

Zutaten für 12 Stück

- 1 Sprüher Pflanzenöl aus der Spraydose
- 155 g Mehl (Type 405)
- 140 g Weizenvollkornmehl
- 30 g Leinsamenschrot
- 2 TL Backpulver
- ½ TL Salz
- 55 g weiche Butter
- 200 g Steviagranulat
- 235 g fettarme Buttermilch
- 1 Ei (Größe L)
- 1 TL Vanilleextrakt
- 125 g Rhabarber, fein gewürfelt
- 160 g Erdbeeren, gewürfelt

Streusel

- 1 EL weiche Butter
- 2 EL Mehl (Type 405)
- 2 TL Steviagranulat
- 2 TL Leinsamenschrot
- 1 Prise Salz
- 2 EL gehackte Pekannusskerne

So geht's

Den Backofen auf 200 °C vorheizen. Eine 12er-Muffinform mit dem Pflanzenöl einsprühen.

Für den Teig beide Mehlsorten, Leinsamen, Backpulver und Salz in einer Schüssel sorgfältig mischen. In einer zweiten Schüssel Butter und Stevia mit dem elektrischen Handrührgerät cremig rühren. Buttermilch, Ei und Vanilleextrakt einrühren. Die Trockenzutaten in drei Portionen bei mittlerer Geschwindigkeit einarbeiten. Rhabarber und Erdbeeren unterheben. Den Teig in die vorbereitete Form füllen.

Für die Streusel Butter, Mehl, Stevia, Leinsamen und Salz in der Küchenmaschine zu einer krümeligen Masse verarbeiten. Die Pekannüsse zugeben und mit der Pulse-Funktion untermischen. Die Streusel auf dem Teig verteilen.

Im Ofen 20–25 Minuten backen, bis die Muffins leicht gebräunt sind. Zur Garprobe einen Holzspieß in die Mitte stechen; er sollte sauber wieder herauskommen. Etwa 15 Minuten in der Form abkühlen lassen, dann auf ein Kuchengitter heben. Warm oder kalt servieren.

Kaffeemuffins

Frische Fitmacher

Zutaten für 9 Muffins

- 50 g Kokosmehl
- ¼ TL Backpulver
- ½ TL Natron
- 1 EL Steviagranulat
- 30 g Pekannusskerne, grob gehackt
- 150 g saure Sahne
- 5 EL Pflanzenöl
- 2 Eier (Größe L), verquirlt
- 5 EL Espresso oder starker Kaffee
- 1 TL Reissirup
- Meersalz

So geht's

Den Backofen auf 170 °C vorheizen. Eine Mini-Muffinform mit neun Papierbackförmchen auskleiden.

Kokosmehl, Backpulver, Natron, Stevia, 20 g Pekannüsse und eine kleine Prise Salz in einer großen Schüssel mischen. Saure Sahne, Öl, Eier und 4 Esslöffel Espresso sorgfältig unterrühren. Den Teig kurz quellen lassen, dann in die vorbereiteten Förmchen füllen.

Im Backofen 20 Minuten backen, bis die Muffins aufgegangen sind und der Teig auf Druck elastisch nachgibt. Etwa 5 Minuten abkühlen lassen, dann aus der Form lösen und auf ein Kuchengitter heben.

Für den Belag Reissirup und den restlichen Espresso in einer Schüssel verrühren. Über die Muffins träufeln. Mit den restlichen Pekannüssen bestreuen und warm servieren. Alternativ halten sich die Muffins bis zu zwei Tage in einem luftdicht schließenden Behälter.

Fenchelenergie

Frische Fitmacher

Zutaten für 2 Gläser

- 2 Fenchelknollen mit Grün, halbiert
- 1 Apfel, halbiert
- 1 kleine rote Paprika, halbiert
- 1 Karotte, halbiert

So geht's

Etwas Fenchelgrün abtrennen und für die Garnierung beiseitelegen.

Erst den Apfel, dann Fenchel, Paprika und zuletzt die Karotte in einen Entsafter geben.

Den Saft in zwei Gläser füllen, mit Wasser auffüllen und mit dem Fenchelgrün garnieren. Sofort servieren.

Beeren-Smoothie

Frische Fitmacher

Zutaten für 1 Portion

- 1 Banane
- 55 g Seidentofu, abgetropft
- 175 ml Orangensaft
- 200 g Beerenmischung, Tiefkühlware aufgetaut

So geht's

Banane und Tofu in kleine Stücke schneiden.

Zusammen mit den restlichen Zutaten in den Mixer geben oder mit dem Stabmixer glatt pürieren. Den Smoothie einige Minuten setzen lassen, dann nochmals kurz durchmixen.

Den Smoothie in ein hohes Trinkglas füllen und sofort servieren.

Grapefruit-Crush

Frische Fitmacher

Zutaten für 1 Portion

- 150 g Salatgurke
- ½ rosa Grapefruit, plus einige Spalten zum Garnieren
- 2 Kiwis, geschält
- 2 Selleriestangen
- 1 TL Macapulver
- 4 EL Kokoswasser
- zerstoßenes Eis, zum Servieren (optional)

So geht's

Gurke, Grapefruit, Kiwis und Sellerie grob hacken. In der Zentrifuge oder Pressschnecke entsaften.

Macapulver und Kokoswasser gründlich unterrühren. Zerstoßenes Eis, falls verwendet, in ein Glas geben und den Saft darübergießen. Mit Grapefruitspalten garniert sofort servieren.

Gemüse-Muntermacher

Frische Fitmacher

Zutaten für 1 Portion

- 3 Orangen, komplette Schale und etwas weiße Haut entfernt und entkernt
- 1 Karotte, halbiert
- 2 Tomaten, grob gehackt
- 1 kleiner grüner Chili, halbiert
- 2 Selleriestangen, in dicke Scheiben geschnitten
- 2 TL Hanfsamenöl

So geht's

Zwei Orangen halbieren und mit der Karotte entsaften. Den Saft in einen Mixer gießen. Die dritte Orange grob hacken und das Fruchtfleisch mit Tomaten und 125 ml Wasser in den Mixer geben. Alles zu einer glatten Mischung verarbeiten. Chili und Sellerie zufügen und untermixen. In ein Glas gießen, das Hanfsamenöl unterrühren und servieren.

Grünteepunsch

Frische Fitmacher

Zutaten für 1 Portion

- 300 ml grüner Tee, abgekühlt
- Saft von ½ Zitrone
- ¼ TL Flüssigginseng
- 1 TL Erbsenproteinpulver
- 1 TL Weizengraspulver
- 1 TL Macapulver
- Eiswürfel, zum Servieren

So geht's

Tee mit Zitronensaft, Ginseng, Protein-, Weizengras- und Macapulver verrühren. Alternativ alle Zutaten im Mixer verarbeiten.

Den Saft sofort auf Eis servieren.

Snacken ohne Reue

Rindfleischsuppe mit Reis & Spinat

Snacken ohne Reue

Zutaten für 6 Portionen

- 2 Zwiebeln
- 2 EL Sonnenblumenöl
- 1 EL gemahlene Kurkuma
- 1 TL gemahlener Kreuzkümmel
- 100 g grüne oder gelbe Spalterbsen
- 1,2 l Rinderbrühe
- 225 g Rinderhackfleisch
- 200 g Langkorn-Naturreis
- 1 EL grob gehackter frischer Koriander, plus etwas mehr zum Garnieren
- 1 EL Schnittlauchröllchen
- 55 g junge Spinatblätter, fein gehackt
- 25 g Butter
- 2 Knoblauchzehen, fein gehackt
- 3 EL grob gehackte frische Minze
- Meersalz und Pfeffer
- 6 EL Joghurt (10 % Fett), zum Servieren

So geht's

Eine Zwiebel in eine große Schüssel reiben, die andere fein hacken. Das Öl in einem großen Topf erhitzen. Die gehackte Zwiebel darin bei niedriger bis mittlerer Hitze 8–10 Minuten unter gelegentlichem Rühren goldbraun anbraten. Kurkuma, Kreuzkümmel und Spalterbsen zugeben. Mit der Brühe aufgießen und zum Kochen bringen. Die Hitze auf niedrige Stufe reduzieren und abgedeckt 15 Minuten köcheln lassen.

Inzwischen das Hackfleisch mit der geriebenen Zwiebel vermengen. Mit Salz und Pfeffer würzen und zu Bällchen formen.

Die Hackbällchen in die Suppe geben und bei aufgesetztem Deckel 10 Minuten garen. Den Reis zufügen. Koriander, Schnittlauch und Spinat untermischen und 25–30 Minuten unter häufigem Rühren köcheln lassen, bis Reis und Hackbällchen durchgegart sind.

Die Butter in einer Pfanne bei niedriger Hitze zerlassen. Den Knoblauch darin kurz anbraten. Die Minze zugeben und 1 weitere Minute garen.

Die Suppe in Schalen füllen. Die Knoblauchmischung und 1 Esslöffel Joghurt daraufgeben und mit dem restlichen Koriander bestreuen.

Süßkartoffelsuppe

Snacken ohne Reue

Zutaten für 6 Portionen

- 1 EL Pflanzenöl
- 1 Zwiebel, fein gehackt
- 2,5-cm-Stück frischer Ingwer, fein gehackt
- 1 TL Currypulver
- 1 TL Meersalz
- 500 g Süßkartoffeln, in Stücke geschnitten
- 400 ml Kokosmilch
- 1 l Gemüsebrühe
- Saft von 1 Limette
- 2 EL grob gehackter frischer Koriander, zum Garnieren

So geht's

Das Öl in einem großen, schweren Topf erhitzen. Zwiebel und Ingwer darin bei mittlerer bis starker Hitze 5 Minuten unter Rühren dünsten, bis die Zwiebel weich ist. Currypulver und Salz einstreuen und eine weitere Minute unter Rühren garen. Süßkartoffeln, Kokosmilch und Brühe zugeben und zum Kochen bringen. Die Hitze auf mittlere Stufe reduzieren und ohne Deckel 20 Minuten köcheln lassen, bis die Süßkartoffeln weich sind.

Die Suppe gegebenenfalls portionsweise im Standmixer oder mit dem Stabmixer pürieren, zurück in den Topf füllen und zum Köcheln bringen. Den Limettensaft unterrühren. Die Suppe in Servierschalen füllen und mit dem Koriander bestreuen.

Hühnersuppe mit Porree

Snacken ohne Reue

Zutaten für 6–8 Portionen

- 1 küchenfertiges Suppenhuhn (1,3 kg)
- 2 EL Olivenöl
- 2 Zwiebeln, grob gehackt
- 2 Karotten, gehackt
- 5 Porreestangen, 2 grob gehackt, 3 in feine Ringe geschnitten
- 2 Lorbeerblätter
- 6 Backpflaumen, in Streifen
- Salz und Pfeffer
- frische Petersilie, zum Garnieren

So geht's

Das Huhn innen und außen abwischen und so viel Haut und Fett wie möglich entfernen. Das Öl in einem großen Topf erhitzen. Zwiebeln, Karotten und den grob gehackten Porree darin bei mittlerer Hitze 3–4 Minuten goldbraun anbraten.

Das Huhn zusammen mit den Lorbeerblättern zum Gemüse in den Topf geben. Mit so viel kaltem Wasser auffüllen, dass das Huhn knapp bedeckt ist. Salzen und pfeffern und zum Kochen bringen. Die Hitze reduzieren und bei geschlossenem Deckel 1–1½ Stunden köcheln lassen. Dabei regelmäßig den Schaum von der Oberfläche abschöpfen.

Das Huhn aus der Brühe nehmen und letzte Hautreste entfernen. Das Fleisch von der Karkasse lösen und in kleine Stücke schneiden. Die Brühe durch ein Haarsieb in eine Schüssel passieren. Gemüse und Lorbeerblätter entsorgen. Die Brühe – sie sollte 1,25–1,5 l ergeben – zurück in den ausgespülten Topf füllen. Falls genügend Zeit bleibt, die Brühe abkühlen lassen und dann das fest gewordene Fett von der Oberfläche abschöpfen. Falls nicht, das Oberflächenfett mit Küchenpapier aufsaugen.

Die Brühe bis zum Siedepunkt erhitzen. Porreeringe und Backpflaumen zufügen und etwa 1 Minute erhitzen. Die Fleischstücke in die Brühe geben und ebenfalls erhitzen. Die Suppe in vorgewärmte Suppenschalen füllen und sofort mit Petersilie garniert servieren.

Kürbissuppe

Snacken ohne Reue

Zutaten für 4 Portionen

- 1 Acorn- oder Butternusskürbis
- 350 g Süßkartoffeln
- 4 Schalotten
- 2 EL Olivenöl
- 5–6 Knoblauchzehen, ungeschält
- 875 ml Hühnerbrühe
- 100 g saure Sahne
- Pfeffer
- Schnittlauchröllchen, zum Garnieren

So geht's

Den Backofen auf 190 °C vorheizen. Kürbis, Süßkartoffeln und Schalotten längs halbieren. Den Kürbis entkernen. Alle Schnittseiten mit dem Öl bestreichen.

Das Gemüse mit der Schnittseite nach unten in eine flache Auflaufform legen. Die Knoblauchzehen dazwischen verteilen. Im vorgeheizten Ofen etwa 40 Minuten garen, bis das Gemüse weich und leicht gebräunt ist. Abkühlen lassen.

Das Fruchtfleisch aus Süßkartoffeln und Kürbis herausschaben und zusammen mit den Schalotten in einen Topf geben. Die Knoblauchzehen schälen und zu dem anderen Gemüse in den Topf geben.

Die Brühe zugießen und bis knapp unter den Siedepunkt erhitzen. Die Hitze reduzieren und die Suppe bei halb aufgesetztem Deckel unter gelegentlichem Rühren 30 Minuten sanft köcheln lassen.

Die Suppe etwas abkühlen lassen, dann im Mixer oder mit dem Stabmixer, gegebenenfalls portionsweise, glatt pürieren. (Bei Verwendung eines Mixers nur die Gemüsestücke mit wenig Brühe pürieren, dann das Püree in die restliche Brühe einrühren.)

Die Suppe zurück in den ausgespülten Topf füllen. Mit Pfeffer abschmecken und 5–10 Minuten erhitzen. In vorgewärmte Suppenschalen füllen und die saure Sahne unterziehen. Mit etwas grob gemahlenem Pfeffer und Schnittlauch garniert servieren.

Krebsfleischsuppe

Snacken ohne Reue

Zutaten für 4 Portionen

- 1 l Hühnerbrühe
- 2 Tomaten, gehäutet und fein gehackt
- 2,5-cm-Stück Ingwer, fein gehackt
- 1 kleiner, frischer roter Chili, entkernt und fein gehackt
- 2 EL chinesischer Reiswein oder trockener Sherry
- 1 EL Reisessig
- 1 EL Speisestärke
- 175 g weißes Krebsfleisch, Tiefkühlware aufgetaut bzw. Dosenware abgetropft
- Salz und Pfeffer
- 2 Frühlingszwiebeln, zum Garnieren

So geht's

Die Brühe in einen großen, schweren Topf füllen. Tomaten, Ingwer, Chili, Reiswein und Essig zufügen und zum Kochen bringen. Die Hitze reduzieren und die Brühe bei geschlossenem Deckel 10 Minuten köcheln lassen.

Die Speisestärke in 2 Esslöffeln Wasser glatt rühren, dann in die Suppe rühren. Unter ständigem Rühren 2 Minuten einkochen, bis die Suppe etwas eingedickt ist.

Das Krebsfleisch vorsichtig unterrühren und 2 Minuten erhitzen. Mit Salz und Pfeffer abschmecken, dann in vorgewärmte Suppenschalen füllen. Mit Frühlingszwiebeln garnieren und sofort servieren.

Maissuppe

Snacken ohne Reue

Zutaten für 6 Portionen

- 1 EL Olivenöl
- 1 Zwiebel, gehackt
- 2 Knoblauchzehen, fein gehackt
- 2 Karotten, gewürfelt
- 2 Selleriestangen, gewürfelt
- 1 rote Paprika, gewürfelt
- 450 g Maiskörner, Tiefkühlware aufgetaut
- ¾ TL Salz
- ½ TL Chilipulver
- 1 l Gemüsebrühe
- 225 g Seidentofu, abgetropft
- 2 EL frisch gehackter Koriander, zum Garnieren
- 3 Frühlingszwiebeln, in feinen Ringen, zum Garnieren

So geht's

Das Öl in einer großen Pfanne auf mittlerer bis starker Stufe erhitzen. Zwiebeln und Knoblauch darin 5 Minuten unter gelegentlichem Rühren dünsten, bis sie weich sind. Karotten, Sellerie, Paprika, Mais, Salz und Chilipulver zugeben. Mit der Brühe ablöschen und zum Kochen bringen. Dann die Hitze auf kleine bis mittlere Stufe reduzieren und die Suppe ohne Deckel etwa 20 Minuten köcheln lassen, bis das Gemüse weich ist.

Den Tofu mit einer Kelle Suppe im Mixer oder mit dem Stabmixer glatt pürieren. Das Püree in die Suppe rühren und etwa 5 Minuten köcheln lassen, bis alle Zutaten heiß sind. Mit Koriander und Frühlingszwiebeln garnieren und sofort servieren.

Spargel mit Lachs

Snacken ohne Reue

Zutaten für 2 Portionen

- 50 g weiche Butter
- fein abgeriebene Schale von ½ Bio-Zitrone, plus ½ TL Zitronensaft
- 1 Stängel frischer Dill, grob gehackt
- 400 g Stremellachs
- 10 grüne Spargelstangen, geputzt
- 2 Eier (Größe L)
- Meersalz und Pfeffer

So geht's

Den Backofen auf 180 °C vorheizen. Butter, Zitronenschale und -saft mit dem Dill in einer Schale verrühren. Mit Salz und Pfeffer würzen. Die Masse auf einem Stück Frischhaltefolie mit einem Löffelrücken grob zu einem kleinen Quadrat verstreichen, einschlagen und im Kühlschrank fest werden lassen.

Inzwischen den Lachs in Alufolie einschlagen und im vorgeheizten Ofen 15 Minuten erwärmen. Dann in mundgerechte Stücke zerteilen und warm halten.

Die Spargelstangen in einem Topf mit leicht gesalzenem Wasser einige Minuten kochen, bis sie gar, aber noch knackig sind. Abtropfen und unter fließend kaltem Wasser kurz abschrecken. Beiseitelegen.

In einem breiten Topf Wasser bis knapp unter den Siedepunkt erhitzen. Ein Ei in eine Tasse aufschlagen. Das Wasser rühren, sodass ein Wirbel entsteht. Wenn sich der Wirbel fast gelegt hat, das Ei in die Mitte gleiten lassen und 2–3 Minuten pochieren. Mit einem Schaumlöffel herausnehmen. Mit dem zweiten Ei ebenso verfahren.

Je fünf Spargelstangen auf Serviertellern anrichten und je mit der Hälfte des Lachses bestreuen. Die pochierten Eier daraufsetzen und mit einem Klecks Zitronenbutter garnieren. Die pochierten Eier sollten noch so warm sein, dass die Butter zu einer köstlichen Zitronen-Kräuter-Sauce schmilzt. Sofort servieren.

Salat aus dicken Bohnen

Snacken ohne Reue

Zutaten für 4 Portionen

- 2,5 kg frische, junge dicke Bohnen in der Hülse, gepalt, oder 425 g Tiefkühlware, aufgetaut
- 2 Tomaten, gehäutet, entkernt und gewürfelt
- 3 EL frisch gehacktes Basilikum
- 4 EL frisch gehobelter Parmesan

Vinaigrette

- 1 TL Weißweinessig
- 1 kleine Knoblauchzehe, zerdrückt
- 4 EL natives Olivenöl extra
- Salz und Pfeffer

So geht's

Die Bohnen in einem Topf mit kochendem Wasser 3 Minuten blanchieren. Unter fließend kaltem Wasser abschrecken, abtropfen lassen und aus den Häuten drücken. Die Bohnenkerne in einen Topf mit etwas Salzwasser geben und bei geringer Hitze 10–15 Minuten (Tiefkühlware 5–10 Minuten) dünsten, bis sie gar und weich sind. Gut abtropfen lassen und in eine große Servierschüssel oder auf vier Servierteller geben.

Die Zutaten für die Vinaigrette glatt rühren und über die noch warmen Bohnen gießen.

Tomatenwürfel, Basilikum und Parmesan darüberstreuen. Zimmerwarm servieren.

Muscheln mit Porree & Bacon

Snacken ohne Reue

Zutaten für 4 Portionen

- 1,5 kg frische Venusmuscheln, küchenfertig
- 1 TL Butter
- 12 Scheiben durchwachsener Frühstücksspeck, grob gehackt
- 200 g Porree, in Scheiben
- 1 Knoblauchzehe, fein gehackt
- 100 ml Weinbrand
- 100 g Schlagsahne
- 3 EL frische gehackte glatte Petersilie, zum Garnieren

So geht's

Muscheln mit beschädigter Schale und offene Exemplare, die sich beim Antippen nicht sofort schließen, aussortieren.

Die Butter in einem hohen, schweren Topf bei mittlerer Hitze zerlassen. Den Speck darin 4–5 Minuten unter Rühren anbraten, bis er knusprig braun ist. Mit einem Schaumlöffel auf einen Teller mit Küchenpapier heben und abtropfen lassen.

Porree und Knoblauch in den Topf geben und 5 Minuten unter regelmäßigem Rühren anbraten, bis er weich, aber nicht braun ist.

Mit dem Weinbrand ablöschen. Einige Minuten köcheln lassen, bis der Alkohol verdampft ist (Achtung: Weinbrand kann sich in einem heißen Topf entzünden). 300 ml Wasser zugießen und umrühren. Den Herd auf mittlere bis hohe Stufe stellen und die Muscheln zufügen, sobald der Sud anfängt zu kochen. Bei aufgesetztem Deckel 5 Minuten garen, bis die Muscheln sich geöffnet haben.

Den Topf vom Herd nehmen. Muscheln, die sich nicht geöffnet haben, aussortieren. Speck und Sahne untermischen und mit der Petersilie bestreuen. Sofort servieren.

Kokospfannkuchen

Snacken ohne Reue

Zutaten für 4 Portionen

- 2 Eier (Größe L)
- 100 ml Kokosmilch
- einige Tropfen Vanilleextrakt
- 50 g Kokosmehl
- 1 TL Natron
- 1 EL Kokosöl
- Salz
- 4 EL Crème fraîche, zum Servieren (optional)

Zitronensirup

- 2 TL Reissirup
- fein abgeriebene Schale und Saft von 1 Bio-Zitrone

So geht's

Die Eier mit Kokosmilch, 125 ml Wasser, Vanilleextrakt, Kokosmehl, Natron und einer Prise Salz in eine Schüssel geben und zu einem glatten Teig verrühren. Einige Minuten quellen lassen.

Inzwischen für den Zitronensirup Reissirup, Zitronenschale und -saft in einer Schale verrühren.

Das Kokosöl in einer großen Pfanne erhitzen. Esslöffelgroße Teigportionen hineingeben und bei mittlerer Hitze 2 Minuten backen, bis die Unterseite der Pfannkuchen leicht gebräunt und gestockt ist. Die Pfannkuchen vorsichtig wenden und weitere 2 Minuten garen.

Die Pfannkuchen auf vier vorgewärmte Servierteller verteilen und aus dem restlichen Teig weitere Pfannkuchen backen. Die Pfannkuchen stapeln und nach Belieben mit einem Klecks Crème fraîche garnieren. Mit dem Zitronensirup beträufeln.

Zucchiniröstí mit Lachs

Snacken ohne Reue

Zutaten für 2 Portionen

- 3 Eier (Größe L)
- 1 EL Schlagsahne
- 2 TL Schnittlauchröllchen
- 15 g Butter
- 2 große Scheiben Räucherlachs
- Meersalz und Pfeffer

Rösti

- 300 g Zucchini, geraspelt
- 2 TL Quinoamehl
- 20 g frisch geriebener Parmesan
- 1 Eigelb (Größe L)
- 1 EL Schlagsahne
- 1 EL Pflanzenöl

So geht's

Den Backofen auf 110 °C vorheizen. Für die Rösti die geraspelten Zucchini auf ein sauberes Küchentuch geben und über dem Spülbecken kräftig ausdrücken.

Zucchini, Mehl, Parmesan, Eigelb und Sahne in einer Schüssel sorgfältig verrühren. Die Masse zu zwei Kugeln formen und mit den Handflächen flach drücken.

Das Öl in einer kleinen Pfanne erhitzen. Die Rösti darin bei niedriger bis mittlerer Hitze 5–8 Minuten von jeder Seite goldbraun braten. Auf ein Backblech heben und im Ofen warm halten.

Für das Rührei die Eier in eine Schüssel geben. Salzen und pfeffern. Sahne und Schnittlauch zufügen und alles mit einer Gabel verquirlen.

Die Pfanne mit Küchenpapier auswischen. Die Butter darin bei niedriger Hitze zerlassen. Die Eiermischung hineingeben und unter Rühren 5–6 Minuten garen, bis die Eier gestockt sind.

Die warmen Rösti auf Servierteller geben und das Rührei darauf verteilen. Mit den Lachsscheiben anrichten. Etwas Pfeffer darübermahlen und sofort servieren.

Pilze auf Roggentoast

Snacken ohne Reue

Zutaten für 4 Portionen

- 3 EL Olivenöl
- 2 große Knoblauchzehen, zerdrückt
- 225 g braune Champignons, in Scheiben geschnitten
- 225 g Waldpilze, in Scheiben geschnitten
- 2 TL Zitronensaft
- 2 EL frisch gehackte glatte Petersilie
- 4 Scheiben dunkles Roggenbrot
- Meersalz und Pfeffer

So geht's

Das Olivenöl in einer großen Pfanne erhitzen. Den Knoblauch darin bei niedriger bis mittlerer Hitze einige Sekunden anbraten.

Die Temperatur erhöhen, die Champignons zugeben und 3 Minuten anbraten. Die Waldpilze untermischen und weitere 2 Minuten garen. Zitronensaft und Petersilie zugeben, dann das Ganze mit Salz und Pfeffer kräftig abschmecken.

Die Brotscheiben toasten und auf einen großen Servierteller legen. Die Pilzmischung darauf verteilen und sofort servieren.

Knuspergrünkohl mit Parmesan

Snacken ohne Reue

Zutaten für 4 Portionen

- 200 g Grünkohl, holzige Stängel entfernt
- 1 EL Olivenöl
- 1 Prise Cayennepfeffer
- 100 g frisch geriebener Parmesan
- Meersalz und Pfeffer

So geht's

Den Backofen auf 180 °C vorheizen.

Grünkohl und Öl in eine Schüssel geben. Mit Cayennepfeffer, Salz und Pfeffer würzen und alles sorgfältig vermengen.

Den Grünkohl in einer Schicht auf einem Backblech verteilen. Mit dem Parmesan bestreuen. Im vorgeheizten Ofen 10–15 Minuten garen, bis die Blätter trocken, knusprig und an den Rändern leicht gebräunt sind.

Vor dem Servieren 5 Minuten abkühlen lassen.

Süßkartoffel-Sticks mit Dip

Snacken ohne Reue

Zutaten für 2 Portionen

- 300 g Süßkartoffeln, mit Schale, abgebürstet und in Stäbchen geschnitten
- 2 EL Olivenöl
- 1 gehäufter EL geräuchertes Paprikapulver (Pimentón)
- Meersalz und Pfeffer

Sauerrahmdip
- 2 EL Schnittlauchröllchen
- 150 g saure Sahne

So geht's

Den Backofen auf 180 °C vorheizen. Die Süßkartoffeln mit Öl und Paprikapulver in eine große Schüssel geben. Salzen und pfeffern und sorgfältig vermengen.

Die Sticks in einer Schicht auf einem Backblech verteilen und im vorgeheizten Ofen 30–40 Minuten knusprig backen.

Für den Dip Schnittlauch und saure Sahne in einer kleinen Schüssel verrühren. Mit Salz und Pfeffer abschmecken und in zwei Schälchen füllen.

Zwei größere Schalen mit Küchenpapier auslegen. Die Chips hineingeben und sofort mit dem Dip servieren.

Pizzafladen mit Zucchini

Snacken ohne Reue

Zutaten für 2 Portionen

- 50 g Crème fraîche
- 150 g Zucchini, mit dem Gemüseschäler in breite Streifen geschnitten
- 55 g Cocktailtomaten, geviertelt
- 50 g Ricotta
- 1 Knoblauchzehe, zerdrückt
- 2 EL Olivenöl
- Salatblätter, zum Servieren (optional)

Teigboden

- 100 g Weizenvollkornmehl, plus etwas mehr zum Bestäuben
- 50 g Quinoamehl
- ¾ TL Natron
- 1 EL Olivenöl
- Meersalz

So geht's

Den Backofen auf 200 °C vorheizen. Für die Teigböden beide Mehlsorten und Natron in eine große Schüssel geben und salzen. Das Öl zugeben und mit etwa 2 Esslöffeln warmem Wasser verkneten, sodass ein weicher, nicht klebender Teig entsteht.

Den Teig auf einer leicht bemehlten Arbeitsfläche 2 Minuten durchkneten, bis er glatt und elastisch ist.

Zwei Backbleche in den Ofen schieben und heiß werden lassen.

Den Teig halbieren und zu zwei etwa 5 mm dicken Kreisen ausrollen. Die Bleche aus dem Ofen nehmen und rasch die Teigfladen darauflegen, mit Crème fraîche bestreichen und mit Zucchini und Tomaten belegen. Den Ricotta in kleinen Klecksen darauf verteilen.

Im heißen Ofen 7–10 Minuten backen, bis die Teigböden knusprig und leicht aufgegangen sind.

Knoblauch und Öl in einer Schale verrühren und über die Pizzafladen träufeln. Nach Belieben mit etwas Salat servieren.

Falafeltaschen

Snacken ohne Reue

Zutaten für 4 Portionen

- 2 Knoblauchzehen
- je 2 EL frisch gehackte glatte Petersilie und Koriander
- 1 TL gemahlener Kreuzkümmel
- ½ TL Salz
- 275 g Kichererbsen aus der Dose, abgespült und abgetropft
- 2 Frühlingszwiebeln, in Ringe geschnitten
- 2 EL Mehl
- 1 TL Backpulver
- 1 EL Pflanzenöl

Tsatsiki

- 280 g Gurken, entkernt und gerieben
- ½ TL Salz
- 125 g magerer Naturjoghurt
- 2 EL Zitronensaft
- 2 EL frisch gehackte Minze

Zum Servieren

- 2 Weizenvollkorn-Pitas, halbiert und erwärmt
- 2 Tomaten, gewürfelt
- 100 g grüne Salatblätter, in Streifen geschnitten

So geht's

Für die Falafel den Knoblauch zerdrücken oder pürieren. Mit Petersilie, Koriander, Kreuzkümmel und Salz mixen, bis die Kräuter fein gehackt sind. Kichererbsen, Frühlingszwiebeln, Mehl und Backpulver zufügen und mixen, bis eine grobkrümelige Masse entstanden ist. Zu acht gleich großen etwa 1 cm dicken Küchlein formen.

Für das Tsatsiki die geriebenen Gurken auf doppelt gelegtem Küchenpapier ausbreiten, mit der Hälfte des Salzes bestreuen und ziehen lassen. Joghurt, restliches Salz, Zitronensaft und Minze in einer großen Schale vermischen. Die Gurke ausdrücken, dann in den Joghurt rühren. Bis zum Servieren kalt stellen.

Das Öl in einer schweren Pfanne auf mittlerer bis starker Stufe erhitzen. Die Falafeln etwa 3 Minuten von jeder Seite braten, bis sie goldbraun sind. Auf Küchenpapier abtropfen lassen.

Zum Servieren je zwei Falafeln in die Pitahälften füllen. Tsatsiki darübergeben, mit Tomatenwürfeln und Salat füllen und sofort servieren.

Toast mit Kräutercreme

Snacken ohne Reue

Zutaten für 4 Portionen

- 150 g Doppelrahmfrischkäse
- 350 g Quark
- 115 g Blauschimmelkäse, zerkrümelt
- 2 EL getrocknete Cranberrys, fein gehackt
- 2 EL frisch gehackte Kräuter, wie glatte Petersilie, Schnittlauch, Dill und Estragon
- 85 g Butter
- 2 EL Walnusskerne, grob gehackt
- 4 Scheiben Vollkornbrot, zum Servieren

So geht's

Den Frischkäse in eine Schüssel geben und mit einem Metalllöffel glatt rühren. Nach und nach den Quark einarbeiten. Blauschimmelkäse, Cranberrys und Kräuter sorgfältig unterrühren. Die Mischung in vier Förmchen (150 ml) füllen und glatt streichen.

Die Butter in einem kleinen Topf bei niedriger Hitze zerlassen und klären. Dafür den Schaum abschöpfen und entsorgen. Die obere flüssige Schicht langsam in ein Milchkännchen füllen (dies ist die geklärte Butter), sodass die festen weißen Milchbestandteile im Topf bleiben. Diese entsorgen.

Den Aufstrich mit einer dünnen Schicht geklärter Butter bedecken und mit den Walnüssen bestreuen. Mit Frischhaltefolie abgedeckt mindestens 30 Minuten im Kühlschrank ziehen lassen, bis die Butterschicht fest ist.

Die Brotscheiben toasten und mit der Blauschimmelcreme servieren.

Rosenkohl mit Maronen

Snacken ohne Reue

Zutaten für 4 Portionen

- 350 g Rosenkohl
- 2 EL fettarme Margarine
- 100 g ungesüßte Maronen, aus der Dose oder vakuumiert
- 1 Prise geriebene Muskatnuss
- Salz und Pfeffer
- 60 g Mandelblättchen, zum Garnieren

So geht's

Den Rosenkohl in einem großen Topf mit Salzwasser 15 Minuten garen. Gut abtropfen lassen.

Die Margarine bei mittlerer Hitze in einem großen Topf zerlassen. Den Rosenkohl zufügen und 3 Minuten unter Rühren andünsten. Maronen und Muskatnuss zugeben. Mit Salz und Pfeffer abschmecken und weitere 2 Minuten garen. In eine vorgewärmte Servierschale füllen. Mit den Mandelblättchen bestreuen und sofort servieren.

Knoblauchpilze mit Frühlingszwiebeln

Snacken ohne Reue

Zutaten für 4 Portionen

- 2 Knoblauchknollen
- 2 EL Olivenöl
- 350 g gemischte Pilze, große Exemplare halbiert
- 1 EL frisch gehackte Petersilie
- 8 Frühlingszwiebeln, in 2,5 cm lange Stücke geschnitten
- Salz und Pfeffer

So geht's

Den Backofen auf 180 °C vorheizen.

Die Spitze der Knoblauchknollen abschneiden, dann auf die Knollen drücken, um die Zehen zu lockern. Die Knollen in eine Auflaufform setzen und mit Salz und Pfeffer würzen. Mit je 1 Teelöffel Öl übergießen und im vorgeheizten Ofen 30 Minuten braten. Die Knollen aus dem Ofen nehmen und mit je einem ½ Teelöffel Öl beträufeln. Im Ofen weitere 45 Minuten braten. Den Knoblauch herausnehmen und so lange abkühlen lassen, bis die Zehen von Hand geschält werden können.

Das Öl aus der Auflaufform in eine schwere Pfanne füllen. Das restliche Öl zugießen und erhitzen. Die Pilze darin bei mittlerer Temperatur unter Rühren 4 Minuten andünsten.

Knoblauchzehen, Petersilie und Frühlingszwiebeln zufügen und unter häufigem Rühren 5 Minuten erhitzen. Mit Salz und Pfeffer abschmecken und sofort servieren.

Gesund satt werden

Kürbis-Linsen-Eintopf

Gesund satt werden

Zutaten für 4 Portionen

- 1 EL Olivenöl
- 1 Zwiebel, fein gehackt
- 3 Knoblauchzehen, fein gehackt
- 2 gestrichene EL Tomatenmark
- 2 TL gemahlener Kreuzkümmel
- 1 TL gemahlener Zimt
- ¼ TL Cayennepfeffer
- 450 g Butternuss-kürbisfleisch, gewürfelt
- 100 g braune Linsen
- 450 ml Gemüsebrühe
- Saft von ¼ Zitrone
- Meersalz und Pfeffer

Zum Servieren

- 2 EL fein gehackter frischer Koriander
- 2 EL Mandelblättchen
- 4 EL Naturjoghurt

So geht's

Das Öl in einem ausreichend großen Topf erhitzen. Zwiebeln und Knoblauch darin bei mittlerer bis starker Hitze 5 Minuten unter gelegentlichem Rühren andünsten.

Tomatenmark, Kreuzkümmel, Zimt und Cayennepfeffer unterrühren. Salzen und pfeffern. Kürbis, Linsen und Brühe zufügen und zum Kochen bringen. Die Hitze auf niedrige Stufe reduzieren und das Gemüse ohne Deckel unter gelegentlichem Rühren 25 Minuten köcheln lassen, bis Linsen und Kürbis gar sind.

Vor dem Servieren den Zitronensaft unterrühren. Mit Koriander und Mandelblättchen garnieren und mit etwas Joghurt servieren.

Kartoffel-Frittata

Gesund satt werden

Zutaten für 4 Portionen

- 250 g neue Kartoffeln, abgebürstet
- 85 g junger Spinat
- 5 Eier
- 1 EL fein gehackter frischer Dill, plus etwas mehr zum Garnieren
- 1 EL frische Schnittlauchröllchen, plus etwas mehr zum Garnieren
- 115 g Feta, zerkrümelt
- 10 g Butter
- 1 EL Olivenöl
- Meersalz und Pfeffer

So geht's

Die Kartoffeln in einem großen Topf mit leicht gesalzenem Wasser 25 Minuten kochen, bis sie gar sind.

Den Spinat in ein Sieb geben und das Kartoffelkochwasser darübergießen, damit die Blätter etwas zusammenfallen. Die Kartoffeln längs in 5 mm dicke Scheiben schneiden. Den Spinat ausdrücken.

Die Eier in einer Schüssel mit einer Gabel verquirlen. Dill und Schnittlauch unterrühren. Mit Pfeffer würzen und 80 g Feta untermischen. Den Backofengrill vorheizen.

Butter und Öl in einer ofenfesten Pfanne (20 cm Ø) zerlassen. Kartoffeln und Spinat darin 1 Minute unter Rühren anbraten. Die Eier darübergießen und 2 Minuten unter Rühren garen. Dann 2–3 Minuten ohne Rühren weitergaren, bis die Unterseite gestockt und goldbraun ist.

Mit dem restlichen Feta bestreuen und unter dem vorgeheizten Grill 3–4 Minuten überbacken, bis auch die Oberseite gebräunt ist. Mit den restlichen Kräutern bestreuen. Warm oder kalt servieren.

Gemüsepfanne

Gesund satt werden

Zutaten für 6–8 Portionen

- 750 g frischer Grünkohl
- 2 EL Rapsöl
- 1 Zwiebel, gehackt
- 4 große Knoblauchzehen, gehackt
- 2 rote Paprika, in feine Streifen geschnitten
- 1 Karotte, geraspelt
- 100 g kleine Brokkoliröschen
- 1 Prise getrocknete Chiliflocken (nach Belieben)
- 125 ml Gemüsebrühe
- Salz und Pfeffer
- 120 g frische Bohnensprossen
- gekochter Reis und Zitronenspalten, zum Servieren
- 1 Handvoll gehackte geröstete Cashewkerne, zum Garnieren

So geht's

Mit einem scharfen Messer die dicken Mittelrippen der Grünkohlblätter entfernen. Mehrere Blätter aufeinanderlegen und in sehr feine Streifen schneiden. Mit den restlichen Blättern ebenso verfahren.

Einen großen Wok oder Topf mit Deckel auf hoher Stufe 30 Sekunden erhitzen. Das Öl hineingeben, durch Schwenken verteilen und 30 Sekunden erhitzen. Die Zwiebel darin etwa 3 Minuten unter Rühren anbraten. Dann Knoblauch, Paprika und Karotte zufügen und weiter pfannenrühren, bis die Paprikastreifen weich werden. Brokkoli und, falls verwendet, Chiliflocken zufügen und weiterrühren.

Den Grünkohl untermischen und mit der Brühe ablöschen. Mit Salz und Pfeffer würzen. Die Hitze auf mittlere Stufe reduzieren und das Gemüse mit Deckel 10–15 Minuten dünsten, bis der Kohl weich ist.

Den Deckel abnehmen und überschüssige Flüssigkeit verdampfen lassen. Mit zwei Gabeln die Bohnensprossen unterheben. Mit Salz und Pfeffer abschmecken. Die Gemüsepfanne auf einem Reisbett anrichten und mit Cashewkernen garnieren. Mit Zitronenspalten zum Beträufeln sofort servieren.

Brokkolipizza

Gesund satt werden

Zutaten für 4 Portionen

- frischer Pizzateig aus dem Kühlregal
- 1 Sprüher Olivenöl aus der Spraydose

Belag

- 150 g kleine Brokkoliröschen
- 2 TL Olivenöl
- 1 rote Zwiebel, in feine Ringe geschnitten
- 1 Knoblauchzehe, fein gehackt
- 1 EL frisch gehackter Oregano
- 140 g Schweizer Käse, gerieben
- ¼–½ TL rote Chiliflocken

So geht's

Den Teig aus dem Kühlschrank nehmen und bei Raumtemperatur offen auslegen.

Den Backofen auf 230 °C vorheizen. Ein Backblech mit Olivenöl besprühen. Den Pizzateig zu einem passenden Rechteck ausrollen und auf das vorbereitete Backblech heben. Im Ofen etwa 8 Minuten backen, bis er leicht bräunt.

Inzwischen den Brokkoli mit 60 ml Wasser in eine mikrowellengeeignete Schüssel geben, mit Frischhaltefolie abdecken und etwa 3 Minuten bei voller Leistung garen. Abtropfen lassen.

Währenddessen das Olivenöl in einer Pfanne auf mittlerer Stufe erhitzen. Zwiebeln und Knoblauch darin 5 Minuten unter gelegentlichem Rühren dünsten, bis sie weich sind. Vom Herd nehmen und den Oregano unterrühren. Die Mischung gleichmäßig auf dem Teigboden verteilen. Mit den Brokkoliröschen belegen. Mit Käse und Chiliflocken bestreuen. Im heißen Ofen etwa 10 Minuten backen, bis der Käse geschmolzen und goldgelb ist. In acht Stücke schneiden und sofort servieren.

Gefüllte Auberginen

Gesund satt werden

Zutaten für 4 Portionen

- 2 kleine bis mittlere Auberginen
- 1 EL Olivenöl
- 1 kleine Zwiebel, gehackt
- 2 Knoblauchzehen, fein gehackt
- 135 g Quinoa
- 350 ml Gemüsebrühe
- 1 TL Salz
- 1 Prise Pfeffer
- 2 EL Mandelblättchen, geröstet
- 3 EL fein gehackte frische Minze
- 85 g Feta, zerkrümelt

So geht's

Den Backofen auf 230 °C vorheizen. Die Auberginen auf ein Backblech legen und im Ofen 15 Minuten garen, bis sie weich sind.

Inzwischen das Olivenöl in einer großen, schweren Pfanne auf mittlerer bis starker Stufe erhitzen. Zwiebel und Knoblauch darin 5 Minuten unter gelegentlichem Rühren dünsten, bis sie weich sind. Die Quinoa einstreuen. Mit der Brühe ablöschen und mit Salz und Pfeffer würzen.

Die Auberginen etwas abkühlen lassen, dann längs halbieren und bis auf einen 1 cm dicken Rand aushöhlen. Das Fruchtfleisch klein schneiden und unter die Quinoa mischen. Die Hitze reduzieren und die Quinoa etwa 15 Minuten garen, bis sie weich ist, dann vom Herd nehmen. Mandeln, 2 Esslöffel Minze und die Hälfte des Feta untermischen.

Die Auberginen mit der Quinoa-Mischung füllen und mit dem restlichen Käse bestreuen. Im vorgeheizten Ofen 10–15 Minuten garen, bis die Füllung zu bräunen beginnt. Mit der restlichen Minze garnieren und sofort servieren.

Rotes Curry mit Blattgemüse

Gesund satt werden

Zutaten für 4 Portionen

- 2 EL Rapsöl
- 2 Zwiebeln, in feine Streifen geschnitten
- 1 Bund grüner Spargel, in Stücke geschnitten
- 430 ml Kokosmilch
- 2 EL rote Currypaste
- 3 frische Kaffir-Limettenblätter
- 225 g Babyspinat
- 2 Pak Choi, klein geschnitten
- 1 kleiner Chinakohl, in Streifen geschnitten
- 2 EL frisch gehackter Koriander
- gekochter Reis, zum Servieren

So geht's

Einen Wok auf mittlerer bis starker Stufe 30 Sekunden erhitzen. Das Öl durch Schwenken darin verteilen und 30 Sekunden erhitzen. Zwiebeln und Spargel darin 1–2 Minuten unter Rühren anbraten.

Mit der Kokosmilch ablöschen. Currypaste und Limettenblätter zufügen und sanft zum Kochen bringen. Spinat, Pak Choi und Kohl zugeben und 2–3 Minuten garen, bis die Blätter zusammengefallen sind. Den Koriander untermischen. Das Curry sofort mit Reis servieren.

Risotto mit Porree & Kräutern

Gesund satt werden

Zutaten für 8 Portionen

- 1 l heiße Gemüsebrühe
- 2 EL Olivenöl
- 1 kleine Porreestange, klein geschnitten
- 3 Knoblauchzehen, zerdrückt
- 1 EL frisch gehackter Thymian
- 250 g braune Champignons, in Scheiben geschnitten
- 300 g Arborioreis
- 175 ml trockener Weißwein
- 30 g Butter
- 50 g frisch geriebener Parmesan
- 2 EL frisch gehackter Schnittlauch, plus etwas mehr zum Servieren
- Salz und Pfeffer
- Rucola und Parmesanhobel, zum Garnieren

So geht's

Die Brühe in einem Topf auf mittlerer Stufe heiß halten. Das Öl in einem großen Topf auf schwacher Stufe erhitzen. Porree, Knoblauch und Thymian zugeben und 5 Minuten dünsten. Die Champignons zufügen und weitere 4 Minuten garen, bis sie weich sind.

Den Reis einstreuen und 1 Minute rühren, dann den Wein zugießen und schnell erhitzen, bis die Flüssigkeit fast vollständig verkocht ist.

Eine Kelle Brühe zugießen und bei mittlerer Hitze einrühren, bis der Reis sie aufgenommen hat. Die Brühe auf diese Weise vollständig verarbeiten, bis der Reis cremig, dick und weich ist.

Wenn der Risotto noch nicht ganz gar sein sollte, etwas heißes Wasser hinzugeben, bis der Reis cremig ist. Mehr Brühe würde den Risotto zu salzig machen.

Erst die Butter, dann Käse und Schnittlauch einrühren. Mit Pfeffer und eventuell Salz abschmecken. In vorgewärmte Schalen geben, mit Rucola, Schnittlauch und Parmesan garnieren und servieren.

Teriyaki-Tofu-Pfanne

Gesund satt werden

Zutaten für 2 Portionen

- 150 g asiatische Eiernudeln
- 200 g fester Tofu, abgetropft
- 3 EL Sonnenblumen- oder Pflanzenöl
- 1 rote Paprika, in dünne Streifen geschnitten
- 150 g Babymaiskolben, schräg in Scheiben geschnitten
- 200 g Choi Sum (asiatischer Blattkohl), in 4-cm-Stücke geschnitten

Sauce

- 3 EL Tamari oder dunkle Sojasauce
- 3 EL Reiswein
- 3 EL klarer Honig
- 1 EL Speisestärke
- 1 EL fein geriebene Ingwerwurzel
- 1–2 Knoblauchzehen, zerdrückt

So geht's

Die Nudeln nach Packungsanweisung garen und abtropfen lassen.

Währenddessen den Tofu zuerst in 1,5 cm dicke Scheiben und dann in mundgerechte Stücke schneiden. Auf Küchenpapier trocken tupfen. 1 Esslöffel Öl in einer beschichteten Pfanne auf schwacher bis mittlerer Stufe erhitzen und den Tofu darin ohne Wenden 3 Minuten trocken garen, bis er von der Unterseite goldbraun ist. Dann wenden und weitere 2–3 Minuten garen. Auf einen Teller geben.

Für die Sauce Tamari, Reiswein, Honig, Stärke, Ingwer und Knoblauch in ein Schraubglas geben und schütteln, bis sich die Zutaten gut verbunden haben. Dann 250 ml Wasser einrühren und beiseitestellen.

Das restliche Öl in einem Wok oder einer großen, schweren Pfanne erhitzen. Paprika und Mais zugeben und 3 Minuten pfannenrühren. Den Choi Sum zufügen und das Gemüse weitere 2 Minuten pfannenrühren. Die Sauce hineingießen und unter ständigem Rühren erhitzen, bis sie kocht und andickt. Nudeln und Tofu zugeben und 1–2 Minuten durchrühren, bis alles heiß ist. Sofort servieren.

Steak mit Chimichurri

Gesund satt werden

Zutaten für 2 Portionen

- 2 Rib-Eye-Steaks à 125 g
- 1 EL Olivenöl
- ½ TL gemahlener Kreuzkümmel
- Meersalz und Pfeffer

Chimichurri

- 1 EL frisch gehackte glatte Petersilie
- 1 EL frische Oreganoblätter
- 3 kleine Knoblauchzehen, grob gehackt
- ½ Schalotte, grob gehackt
- ¼ roter Chili, entkernt und grob gehackt
- 3 EL natives Olivenöl extra
- 1 TL Rotweinessig
- Saft von ¼ Zitrone

Süßkartoffelstampf

- 250 g Süßkartoffeln, in 2 cm dicke Würfel geschnitten
- 20 g Butter

So geht's

Für den Süßkartoffelstampf die Süßkartoffeln in einem großen Topf mit leicht gesalzenem Wasser 12–15 Minuten kochen, bis sie sehr weich sind. Das Wasser abgießen und die Süßkartoffeln im Topf mindestens 5 Minuten ohne Deckel ausdampfen lassen, dann zerstampfen, bis die gewünschte Konsistenz erreicht ist.

Inzwischen für die Chimichurri alle Zutaten in einen Mixer geben. Salzen und pfeffern. Zu einer pestoartigen Masse verarbeiten. Wenn die Mischung zu fest erscheint, noch etwas Olivenöl zufügen. In eine Servierschale füllen und abgedeckt beiseitestellen.

Den Süßkartoffelstampf wieder sanft erhitzen und die Butter untermengen. Mit Salz und Pfeffer abschmecken und warm halten.

Die Steaks von beiden Seiten mit dem Öl einreiben. Mit Salz und Kreuzkümmel würzen. Eine Grillpfanne sehr stark erhitzen und die beiden Steaks darin von jeder Seite 2–3 Minuten bzw. länger bis zur gewünschten Garstufe braten, dann 2 Minuten ruhen lassen.

Die Steaks mit Chimichurri und dem Süßkartoffelstampf auf Tellern anrichten und sofort servieren.

Rindfleisch-Wokpfanne

Gesund satt werden

Zutaten für 2 Portionen

- 1 EL Sojasauce, plus etwas mehr zum Servieren
- 1 EL Sesamöl, plus etwas mehr zum Servieren
- 200 g Rinderhüftsteak, in Streifen geschnitten
- 2 TL Sesamsaat
- 1 EL Erdnussöl
- 1 große Knoblauchzehe, in feine Scheiben geschnitten
- ½ roter Chili, entkernt und in feine Längsstreifen geschnitten (optional)
- 250 g Brokkoli

So geht's

Sojasauce und Sesamöl in einer Schüssel verrühren. Die Fleischstreifen hineingeben und darin wenden. Abgedeckt 10 Minuten marinieren.

Die Sesamsaat in einem großen Wok bei starker Hitze unter Rühren ohne Fett rösten, bis sie zu bräunen beginnt, dann über die Fleischstreifen geben.

Den Wok vom Herd nehmen und mit Küchenpapier auswischen. Wieder auf den Herd setzen und das Erdnussöl hineingeben. Die Fleischstreifen aus der Marinade nehmen und im heißen Wok unter gelegentlichem Wenden rundum anbräunen, bis die gewünschte Garstufe erreicht ist. Auf einen Teller geben und beiseitestellen.

Wenn der Wok trocken ist, noch etwas Öl zufügen. Knoblauch und, falls gewünscht, Chili kurz darin anbraten. Brokkoli, Marinade und 3 Esslöffel Wasser zugeben und unter Rühren 5 Minute schmoren. Die Brokkoliröschen sollten gar, aber bissfest sein.

Das Fleisch wieder in den Wok geben und untermischen. Den Wokinhalt auf zwei Tellern anrichten und zusätzlich mit etwas Sojasauce und Sesamöl beträufeln. Sofort servieren.

Rindergulasch

Gesund satt werden

Zutaten für 4 Portionen

- 4 EL Olivenöl
- ½ Zwiebel, fein gehackt
- 1 Porreestange, in feine Ringe geschnitten
- 1 Selleriestange, grob gehackt
- 4 Knoblauchzehen, fein gehackt
- 1 TL Tomatenmark
- 900 g Rindergulasch aus der Hesse
- 45 g Quinoamehl
- 125 ml Weinbrand
- 800 ml Rinderbrühe
- 1 EL frische Thymianblätter
- 2 EL fein gehackte glatte Petersilie
- 2 TL geräuchertes Paprikapulver (Pimentón)
- 6 Gewürznelken
- 2 frische Lorbeerblätter
- Meersalz und Pfeffer
- 200 g Grünkohl, grob gehackt
- Saft von ¼ Zitrone

So geht's

2 Esslöffel Öl in einem Schmortopf mit Deckel erhitzen. Zwiebel, Porree und Sellerie darin bei mittlerer Hitze 5 Minuten dünsten. Knoblauch und Tomatenmark unterrühren.

Das restliche Öl in einer großen, schweren Pfanne stark erhitzen. Das Fleisch salzen und pfeffern und portionsweise einige Minuten rundum anbräunen. In den Bräter geben und mit dem Gemüse mischen. Mit Quinoamehl bestreuen.

Die Hitze etwas reduzieren und die Pfanne mit dem Weinbrand ablöschen, dabei und den Bratensatz vom Boden lösen. Über das Fleisch gießen und mit der Brühe auffüllen. Thymian, Petersilie, Paprika, Nelken und Lorbeer zugeben. Salzen und pfeffern.

Aufkochen, dann die Hitze auf niedrige Stufe reduzieren und bei geschlossenem Deckel 2–2½ Stunden schmoren, bis das Fleisch so weich ist, dass es sich mit einem Löffel zerteilen lässt.

Den Grünkohl in leicht gesalzenem Wasser 2 Minuten blanchieren. Gut abtropfen lassen. Mit dem Zitronensaft beträufeln und kurz darin wenden. Sofort zum Gulasch servieren.

Ranch-Steak mit Gorgonzola

Gesund satt werden

Zutaten für 4 Portionen

- 4 Rindersteaks aus der Schulter (à 350 g)
- 4 EL Olivenöl
- 1 TL Salz
- 1 TL Pfeffer

Gorgonzolakruste

- 2 EL Olivenöl
- 150 g frische Semmelbrösel
- 2 EL frisch gehackte glatte Petersilie
- 2 Knoblauchzehen, zerdrückt
- 250 g Gorgonzola, zerbröselt

So geht's

Den Backofen auf 200 °C vorheizen. Die Steaks mit Olivenöl einreiben und mit Salz und Pfeffer würzen.

Eine große Pfanne auf hoher Stufe erhitzen und die Steaks von beiden Seiten scharf darin anbraten, dann in eine große, flache Bratform legen.

Für die Gorgonzolakruste Olivenöl, Semmelbrösel, Petersilie und Knoblauch vermengen. Den Gorgonzola über die Steaks krümeln und anschließend die Semmelbröselmischung darübergeben.

Die Steaks in den Ofen schieben und 10–12 Minuten garen, bis der Käse geschmolzen ist und die Semmelbrösel goldbraun sind. Die Steaks sollten dann englisch gegart sein, sie können auch mit Folie bedeckt und weiter im Ofen nach Wunsch gebraten werden. Aus dem Ofen nehmen und vor dem Verzehr 5 Minuten zum Ruhen beiseitestellen.

Rinds-Carré

Gesund satt werden

Zutaten für 4–6 Portionen

- 2 kg Rinds-Carré mit Knochen
- 1 TL Salz
- 1 TL Pfeffer
- 4 EL Olivenöl

Meerrettichkruste

- 2 EL natives Olivenöl extra
- 4 EL Sahnemeerrettich
- 2 EL englischer Senf
- Saft und Zesten von 1 Bio-Zitrone
- ½ TL Salz
- ½ TL Pfeffer

So geht's

Den Backofen auf 180 °C vorheizen. Das Carré auf ein großes Holzbrett legen und mit Salz und Pfeffer würzen.

Alle Zutaten für die Meerrettichkruste in eine kleine Schüssel geben und vermengen und zu einer groben Paste vermengen.

Das Olivenöl in einer großen Pfanne auf mittlerer Stufe erhitzen und das Fleisch von allen Seiten scharf anbraten. Dann auf den Grillrost einer Bratform legen und von allen Seiten mit der Meerrettichpaste bestreichen. Die Bratform in den vorgeheizten Ofen schieben und das Fleisch 50 Minuten garen.

Das Carré aus dem Ofen nehmen, beiseitestellen und 30 Minuten mit Alufolie abgedeckt ruhen lassen; anschließend mit dem Saft aus der Bratform übergießen und servieren.

Spaghetti Bolognese

Gesund satt werden

Zutaten für 4 Portionen

- 25 g getrocknete Steinpilze
- 1 EL Butter
- 55 g Pancetta, gewürfelt
- 1 kleine Zwiebel, fein gehackt
- 1 Knoblauchzehe, fein gehackt
- 2 kleine Karotten, fein gewürfelt
- 2 Selleriestangen, fein gewürfelt
- 300 g Rinderhackfleisch
- 1 Prise frisch geriebene Muskatnuss
- 1 gestrichener EL Tomatenmark
- 125 ml Rotwein
- 250 g passierte Tomaten
- Meersalz und Pfeffer
- 400 g frische Vollkorn-Spaghetti

So geht's

Die Steinpilze 20 Minuten in 125 ml lauwarmem Wasser einweichen, dann gut abtropfen lassen und das Einweichwasser auffangen.

Inzwischen die Butter in einem schweren Topf bei mittlerer Hitze zerlassen. Die Pancetta darin 4 Minuten unter Rühren anbraten.

Zwiebel und Knoblauch zugeben und 4 Minuten mitbraten, bis sie glasig sind. Karotten und Selleriewürfel hinzufügen und einige Minuten unter häufigem Rühren andünsten.

Das Hackfleisch zugeben und unter ständigem Rühren 5 Minuten anbraten. Mit Salz, Pfeffer und Muskat würzen. Das Tomatenmark unterrühren und 1–2 Minuten mitbraten. Wein und passierte Tomaten zugießen.

Die Steinpilze klein schneiden und unter die Sauce mischen. Das Einweichwasser durch ein Haarsieb dazugießen. Bei aufgesetztem Deckel 1 Stunde schmoren, bis die Sauce eingedickt ist.

Inzwischen die Pasta nach Packungsangabe al dente kochen. Gut abtropfen lassen und mit der Sauce servieren.

Hähnchenkeulen mit Rotkraut

Gesund satt werden

Zutaten für 4 Portionen

- 200 g saure Sahne
- ½ TL Cayennepfeffer
- 1 Knoblauchzehe, zerdrückt
- je 4 Hähnchenober- und -unterkeulen (ca. 850 g)
- 2 TL grobe Polenta
- 2 EL Quinoamehl
- 2 EL Vollkornweizenmehl
- Pflanzenöl, zum Braten
- Meersalz und Pfeffer

Rotkrautsalat

- 200 g Rotkohl, gehobelt
- 400 g Fenchel, in feine Streifen geschnitten
- 1 roter Chili, entkernt und längs in feine Streifen geschnitten
- 100 g Joghurt (10 % Fett)
- Saft von ¼ Zitrone

So geht's

Saure Sahne, Cayennepfeffer und Knoblauch verrühren, salzen und pfeffern. Die Hähnchenteile sorgfältig darin wenden. Mit Frischhaltefolie abgedeckt über Nacht im Kühlschrank marinieren.

Für den Rotkrautsalat alle Zutaten in einer großen Schüssel vermengen und mit Salz und Pfeffer abschmecken. im Kühlschrank ziehen lassen.

Für die Panade Polenta und beide Mehlsorten auf einem Teller mischen. Salzen und pfeffern. Eine schwere Pfanne halb mit Öl füllen und auf 180 °C erhitzen, bis ein Brotwürfel in 30 Sekunden braun wird. Inzwischen die abgetropften Hähnchenteile mit der Panade bestreuen.

Die Hähnchenteile in zwei Portionen (sonst würde die Öltemperatur zu stark abfallen) mit einer Küchenzange vorsichtig ins heiße Fett geben. Von beiden Seiten 6–8 Minuten frittieren, bis die Panade goldbraun und das Fleisch durchgegart ist und beim Einstechen in die dickste Stelle klarer Fleischsaft austritt.

Mit einem Schaumlöffel aus dem heißen Fett nehmen und auf Küchenpapier abtropfen lassen. Bei niedriger Temperatur im Ofen warm halten und die zweite Fleischportion genauso zubereiten.

Die Hähnchenkeulen auf einem großen Teller anrichten und mit dem Rotkrautsalat servieren.

Hähnchen-Satay

Gesund satt werden

Zutaten für 4 Portionen

- 8 kleine Hähnchenoberkeulen ohne Haut und Knochen (etwa 550 g), in 1,5 cm dicke Würfel geschnitten
-

Marinade

- 1 kleiner Stängel Zitronengras, fein gehackt
- 1 kleine Schalotte, fein gehackt
- 1 große Knoblauchzehe, fein gehackt
- 1 roter Chili, entkernt und fein gehackt
- 2,5-cm-Stück frischer Ingwer, fein gehackt
- 2 EL fein gehackter frischer Koriander
- 2 EL Sojasauce
- 1 EL Erdnussöl

Satay-Sauce

- 2 gestrichene EL ungesüßtes Erdnussmus
- 100 ml Kokosmilch

So geht's

Acht Bambusspieße mindestens 10 Minuten in Wasser einweichen. Für die Marinade alle Zutaten im Mixer zu einer feinen Paste verarbeiten.

Die Hähnchenwürfel in eine Schüssel geben. Die Marinade darüber verteilen und sorgfältig mit dem Fleisch vermengen. Mit Frischhaltefolie abgedeckt im Kühlschrank 2–4 Stunden marinieren.

Für die Satay-Sauce Erdnussbutter und Kokosmilch in einer Schüssel glatt rühren. In eine Schale füllen.

Die Fleischwürfel auf die Spieße stecken. Eine Grillpfanne stark erhitzen und die Spieße darin 2 Minuten von jeder Seite braten, bis das Fleisch durchgegart und an den Rändern stark gebräunt ist. Zum Test das Fleisch einstechen. Wenn der austretende Saft klar ist, ist es gar.

Die Spieße auf einer Platte anrichten und mit der Sauce servieren.

Hähnchen-Gemüse-Enchiladas

Gesund satt werden

Zutaten für 4 Portionen

- 2 Sprüher Olivenöl aus der Spraydose
- 2 Zucchini, gewürfelt
- 1 rote Paprika, gewürfelt
- 1 TL Salz
- 1 Zwiebel, gehackt
- 2 Knoblauchzehen, fein gehackt
- 1 EL Chilipulver
- 1 EL getrockneter Oregano
- 175 g passierte Tomaten
- 240 ml Gemüsebrühe
- 175 g gegartes Hähnchenbrustfilet, zerteilt
- 8 kleine Maismehl-Tortillas (à 30 g)
- 75 g Gouda, gerieben

So geht's

Den Backofen auf 230 °C vorheizen. Ein Backblech mit Öl einsprühen.

Zucchini und Paprika auf dem Backblech verteilen und mit etwas Olivenöl besprühen. Mit der Hälfte des Salzes bestreuen und im vorgeheizten Ofen etwa 20 Minuten garen.

Inzwischen eine Pfanne mit dem restlichen Olivenöl einsprühen und erhitzen. Zwiebel und Knoblauch darin 5 Minuten unter Rühren braten. Chilipulver und Oregano zugeben und 1 Minute garen. Mit passierten Tomaten und Gemüsebrühe ablöschen und aufkochen. Die Hitze auf mittlere Stufe reduzieren und 5 Minuten köcheln. Das restliche Salz zufügen. Die Sauce portionsweise pürieren.

Das Gemüse aus dem Ofen nehmen und die Hitze auf 180 °C reduzieren. Gemüse, Hähnchen und etwas Sauce in einer Schüssel vermengen.

Den Boden einer Auflaufform (ca. 25 cm x 30 cm) mit einer dünnen Schicht Tomatensauce bedecken. Vier Tortillas so hineinlegen, dass sie sich so wenig wie möglich überlappen. Mit der Gemüse-Hähnchen-Mischung belegen und den restlichen Tortillas bedecken. Mit der restlichen Tomatensauce überziehen und mit dem Käse bestreuen.

Im heißen Ofen etwa 30 Minuten backen, bis der Käse geschmolzen ist und zu bräunen beginnt. Sofort servieren.

Putenbrust mit Honig & Orange

Gesund satt werden

Zutaten für 12–15 Portionen

- 3 kg Putenbrust mit Haut

Lake

- 500 g grobes Meersalz
- 250 g Honig
- fein abgeriebene Schale und Saft von 3 Bio-Orangen
- 10 Gewürznelken
- 20 Pfefferkörner
- 1 kleines Bund frischer Thymian, gehackt
- 3 Zimtstangen
- 2,5 l Cranberrysaft

So geht's

Für die Lake 500 ml Wasser in einen großen Topf füllen. Salz, Honig, Orangenschale und -saft, Nelken, Pfeffer, Thymian und Zimtstangen zufügen und so lange kochen, bis sich das Salz vollständig aufgelöst hat. Den Topf vom Herd nehmen, weitere 2 Liter Wasser und den Cranberrysaft zugießen. Vollständig abkühlen lassen.

Die Putenbrust in eine große, nicht metallene Schüssel legen und die Lake dazugießen. Die Putenbrust mit einem Teller oder Ähnlichem beschweren, damit sie untergetaucht bleibt. Abgedeckt über Nacht im Kühlschrank ziehen lassen.

Die Putenbrust mindestens 1 Stunde vor dem Smoken wieder aus dem Kühlschrank nehmen, damit sie Raumtemperatur hat. Den Grill zum Smoken bei niedriger Hitze vorbereiten.

Die Putenbrust mit der Hautseite nach oben auf den Rost legen und bei aufgesetztem Deckel 6 Stunden smoken. Zur Garprobe das Fleisch an der dicksten Stelle einstechen; der austretende Saft sollte klar und das Fleisch nicht mehr rosa sein. Mit Alufolie abdecken und 30 Minuten an einem warmen Ort ruhen lassen. Tranchieren und servieren.

Seeteufel in Parmaschinken

Gesund satt werden

Zutaten für 4 Portionen

- 8 Scheiben Parmaschinken
- 3 EL frischer Pesto
- 8 große Basilikumblätter
- 600 g Seeteufel, in 2 Filets
- 1 EL Olivenöl

Ricotta-Spinat

- 2 EL Olivenöl
- 1 Knoblauchzehe, in feine Scheiben geschnitten
- 800 g frischer Babyspinat
- 150 g Ricotta
- Meersalz und Pfeffer

So geht's

Den Backofen auf 180 °C vorheizen. Ein großes Stück Frischhaltefolie auf der Arbeitsfläche ausbreiten. Die Schinkenscheiben vertikal darauflegen, sodass sie 1 cm überlappen. Den Pesto auf dem Schinken verstreichen, dabei 2 cm Rand lassen. Das Basilikum darauf verteilen.

Ein Seeteufelfilet in die Mitte legen. Das zweite Filet in entgegengesetzter Richtung anlegen, sodass das dicke Ende des einen Filets am dünnen des anderen liegt.

Den Schinken darüberschlagen und mithilfe der Frischhaltefolie fest aufrollen. Die Frischhaltefolie entfernen. Die Seeteufelrolle mit der Naht nach unten in eine Bratform setzen. Leicht mit dem Öl beträufeln und im vorgeheizten Ofen 20–25 Minuten garen. Zum Warmhalten die Form mit Alufolie abdecken.

Für den Ricotta-Spinat das Öl in einer großen Pfanne erhitzen. Den Knoblauch darin bei mittlerer bis starker Hitze 30 Sekunden anbraten. Den Spinat zufügen und unter Rühren 1 Minute andünsten, bis die Blätter leicht zusammengefallen sind. In eine Servierschale füllen und den Ricotta in kleinen Portionen daraufsetzen. Mit Salz und Pfeffer würzen.

Den Fisch auf eine Servierplatte heben und in Scheiben schneiden. Mit Bratensaft überziehen. Sofort mit dem Spinat servieren.

Seebarsch mit Parmesankruste

Gesund satt werden

Zutaten für 4 Portionen

- 3 EL Olivenöl
- 4 Seebarschfilets mit Haut (à 125 g)
- fein abgeriebene Schale und Saft von 1 Bio-Zitrone
- 100 g frisch geriebener Parmesan
- 25 g frisch gehackte glatte Petersilie
- Meersalz und Pfeffer
- 1 Zitrone, in Spalten geschnitten
- 70 g Brunnenkresse, Rucola oder gemischter Pflücksalat, zum Servieren

So geht's

Den Backofengrill vorheizen. Den Ofenrost mit etwas Öl einfetten und die Fischfilets mit der Hautseite nach unten darauflegen. Mit wenig Öl und etwas Zitronensaft beträufeln. Salzen und pfeffern.

Zitronenschale, Parmesan und Petersilie in einer Schale sorgfältig mischen und gleichmäßig auf den Fischfilets verteilen. Mit dem restlichen Öl beträufeln.

Die Fischfilets unter dem vorgeheizten Grill 4 Minuten garen, bis die Kruste goldbraun ist. Die exakte Garzeit hängt von der Dicke der Filets ab. Sofort mit dem Salat und den Zitronenspalten servieren.

Gegrillte Makrelen

Gesund satt werden

Zutaten für 4 Portionen

- 4 Makrelen
- 2 EL Olivenöl
- 2 EL Zitronensaft
- Meersalz und Pfeffer

Zum Servieren

- Zitronenspalten
- gedünstete grüne Bohnen

So geht's

Den Backofengrill vorheizen. Die Fische säubern und die Köpfe abtrennen. Die Fische auf beiden Seiten mehrmals diagonal einschneiden. Mit Öl, Zitronensaft, Salz und Pfeffer gut einreiben. Dabei Salz und Pfeffer auch in die Schlitze massieren.

Die Fische im Backofengrill 5–6 Minuten von jeder Seite garen.

Auf vier vorgewärmte Servierteller geben und mit Zitronenspalten und grünen Bohnen sofort servieren.

Gefüllte Sardinen

Gesund satt werden

Zutaten für 6 Portionen

- 2 EL frisch gehackte Petersilie
- 4 Knoblauchzehen, fein gehackt
- 12 frische Sardinen, ausgenommen und geschuppt
- 3 EL Zitronensaft
- 80 g Mehl
- 1 TL gemahlener Kreuzkümmel
- Salz und Pfeffer
- Olivenöl, zum Bestreichen

So geht's

Petersilie und Knoblauch in einer Schale mischen. Die Fische innen und außen unter fließend kaltem Wasser abspülen und mit Küchenpapier trocken tupfen. Die Petersilienmischung in die Bauchöffnungen füllen und außen auf die Fische drücken. Die Sardinen mit dem Zitronensaft beträufeln und in eine große, flache, nicht metallene Form legen. Mit Frischhaltefolie abgedeckt 1 Stunde im Kühlschrank marinieren.

Den Backofengrill vorheizen. Mehl und Kreuzkümmel in einer Schale mischen, dann mit Salz und Pfeffer würzen. Auf einen großen Teller streuen. Die Fische vorsichtig darin wenden.

Die Sardinen mit Öl bestreichen und 3–4 Minuten von jeder Seite grillen. Sofort servieren.

Heilbutt mit Romescosauce

Gesund satt werden

Zutaten für 4 Portionen

- 675 g Heilbuttfilets
- ¾ TL Salz
- ½ TL Pfeffer

Sauce

- 1 große rote Paprika
- 3 Knoblauchzehen, geschält
- 25 g Mandelblättchen, geröstet
- 1 dicke Scheibe Weißbrot, in große Stücke geschnitten
- 1 TL Salz
- 1 TL Paprikapulver
- 250 g gewürfelte Tomaten aus der Dose, abgetropft
- 2 EL Rotweinessig

So geht's

Für die Sauce den Backofengrill vorheizen. Die Paprika vierteln und mit der Hautseite nach oben zusammen mit den Knoblauchzehen auf ein Backblech legen. So lange grillen, bis das Gemüse weich ist und die Paprikahaut Blasen wirft und schwarz ist. Den Knoblauch dabei einmal wenden. Etwas abkühlen lassen.

Die Haut von den Paprikavierteln abziehen und den Knoblauch aus den Schalen drücken. Paprikafruchtfleisch und Knoblauch zusammen mit Mandeln, Brot, Salz und Paprikapulver im Mixer pürieren. Tomaten und Essig zufügen und weitermixen, bis eine glatte Sauce entstanden ist.

Für den Fisch den Backofengrill erneut vorheizen oder eine Grillpfanne auf dem Herd bei starker Hitze heiß werden lassen. Den Fisch mit Salz und Pfeffer würzen und von jeder Seite etwa 4 Minuten gar grillen. Mit der Sauce und nach Belieben grünem Gemüse auf Tellern anrichten und sofort servieren.

Fisch-Tacos mit Avocado-Salsa

Gesund satt werden

Zutaten für 4 Portionen

Salsa

- ½ rote Zwiebel, gehackt
- 2 Jalapeño-Chilis, entkernt und gehackt
- 2 Tomaten, klein gewürfelt
- ½ Avocado, gewürfelt
- 2 EL frisch gehackter Koriander
- 3 EL Limettensaft
- ½ TL Salz

Fisch

- 2 EL Limettensaft
- 1 EL Olivenöl
- 1 TL gemahlener Kreuzkümmel
- 1 TL Chilipulver
- ½ TL Salz
- 400 g Seezungenfilet

Zum Servieren

- 8 kleine Maismehl-Tortillas (à 30 g)
- 300 g Rotkohl, gehobelt

So geht's

Für die Salsa alle Zutaten in einer Schale sorgfältig mischen.

Den Backofengrill vorheizen oder eine Grillpfanne bei mittlerer bis starker Hitze heiß werden lassen. Für den Fisch Limettensaft, Olivenöl, Kreuzkümmel, Chilipulver und Salz in einer Schale verrühren. Die Fischfilets von beiden Seiten damit bestreichen. Dann 2–4 Minuten von jeder Seite grillen, bis sie gar sind.

Zum Servieren die Tortillas unter dem Grill erwärmen. Fisch, Salsa und Rotkohl darauf verteilen und locker aufrollen. Sofort servieren.

Lachssteaks mit Mojo verde

Gesund satt werden

Zutaten für 4 Portionen

- 1 EL Kreuzkümmelsamen
- 1 TL Koriandersamen
- 4 Lachssteaks mit Haut (à 175 g)
- Olivenöl, zum Einfetten
- Salz und Pfeffer

Mojo verde

- 2 kleine Knoblauchzehen
- 1 großes Bund Koriander, dicke Stängel entfernt
- 1 großes Bund glatte Petersilie, dicke Stängel entfernt
- 3 Frühlingszwiebeln, nur weißer und hellgrüner Teil
- 1–2 Bird's-Eye- oder Jalapeño-Chilis, entkernt
- 125 ml Olivenöl
- Saft von 1 Zitrone
- 1 TL Salz

So geht's

Für die Mojo verde zunächst den Knoblauch in einem Mixer zerkleinern. Dann Koriander, Petersilie, Frühlingszwiebeln und Chilis zugeben und grob mixen. Öl, Zitronensaft und Salz zufügen und alles zu einer groben Paste verarbeiten.

Den Grill für direktes Grillen bei starker Hitze vorbereiten.

Kreuzkümmel- und Koriandersamen in einer elektrischen Gewürzmühle oder einem Mörser grob mahlen. Die Lachssteaks von beiden Seiten mit Öl einfetten. Salzen und pfeffern und in den Gewürzen wenden.

Die Lachssteaks mit der Hautseite nach unten auf den Rost legen und bei aufgesetztem Deckel von jeder Seite 4 Minuten grillen, bis der Fisch glasig ist und sich leicht mit einer Gabel lösen lässt. Sofort mit der Mojo verde servieren.

Tintenfisch mit Safran-Aioli

Gesund satt werden

Zutaten für 2 Portionen

- 500 g ganze kleine Tintenfische, küchenfertig
- 3 gestrichene EL Maismehl
- Pflanzenöl, zum Ausbacken
- Meersalz und Pfeffer
- 2 Zitronenspalten, zum Servieren (optional)

Aioli

- 1 kleine Prise Safranfäden
- 3 gehäufte EL Vollei-Mayonnaise
- 1 kleine Knoblauchzehe, fein gehackt

Salat

- 1 kleiner Radicchio, zerteilt
- 2 EL Brunnenkresse
- 10 g gehobelter Parmesan
- Saft von ¼ Zitrone
- 1 EL natives Olivenöl extra

So geht's

Für die Aioli den Safran mit 1 Teelöffel lauwarmem Wasser in eine Schale geben und 5 Minuten einweichen. Mayonnaise, Knoblauch und das Safranwasser verrühren. Auf zwei Servierschälchen verteilen und abgedeckt im Kühlschrank ziehen lassen.

Für den Salat Radicchio und Brunnenkresse in einer Schüssel vermengen und mit dem Parmesan bestreuen. Zitronensaft und Öl separat verquirlen.

Die Tintenfischkörper in 1 cm breite Ringe schneiden. Die Tentakel halbieren. Unter fließend kaltem Wasser abspülen und mit Küchenpapier trocken tupfen. Das Maismehl auf einen Teller geben und großzügig mit Salz und Pfeffer würzen. Die Tintenfischstücke darin wenden.

Reichlich Öl in einem hohen, schweren Topf erhitzen. Die richtige Temperatur ist erreicht, wenn ein kleiner Brotwürfel in etwa 30 Sekunden goldbraun ist. Die Tintenfischstücke in zwei Portionen (damit die Öltemperatur nicht zu stark abfällt) 2–3 Minuten frittieren, bis sie goldbraun sind.

Mit einem Schaumlöffel aus dem heißen Fett nehmen und auf Küchenpapier abtropfen lassen. Im Ofen warm halten und die zweite Portion auf die gleiche Weise zubereiten. Die Tintenfischstücke mit Salz und Pfeffer würzen. Den Salat mit dem Dressing vermengen. Den Tintenfisch sofort mit Salat, Aioli und, falls gewünscht, Zitronenspalten servieren.

Garnelenburger mit Chili

Gesund satt werden

Zutaten für 4 Portionen

- 550 g rohe Garnelen, ausgelöst und Darmfäden entfernt
- 1 Selleriestange, klein gewürfelt
- 2 Frühlingszwiebeln, fein gehackt
- 2 EL fein gehackter Koriander
- 1 Knoblauchzehe, fein gehackt
- ½ TL Salz
- ½ TL Chipotle-Chilipulver
- fein abgeriebene Schale und Saft von 1 Bio-Limette
- 2 TL Olivenöl
- 4 kleine Weizenvollkorn-Burgerbrötchen, getoastet
- 2 EL Mayonnaise
- 4 Salatblätter

So geht's

Etwa 400 g Garnelen im Mixer pürieren. Die übrigen Garnelen grob hacken und in einer Schüssel mit den pürierten vermengen. Sellerie, Frühlingszwiebeln, Koriander, Knoblauch, Salz, Chilipulver, Limettenschale und -saft einarbeiten. Die Masse zu vier Pattys formen.

Das Öl in einer großen, beschichteten Pfanne auf mittlerer bis starker Stufe erhitzen. Die Garnelenpattys darin 3–4 Minuten von jeder Seite braten, bis sie goldbraun und gar sind.

Die unteren Brötchenhälften mit der Mayonnaise bestreichen. Je eine Garnelenfrikadelle daraufsetzen. Mit je einem Salatblatt garnieren und die oberen Brötchenhälften auflegen. Sofort servieren.

Gebratene Jakobsmuscheln

Gesund satt werden

Zutaten für 4 Portionen

- 120 g getrocknete Grünteenudeln
- 2 EL Margarine
- 1 Knoblauchzehe, zerdrückt
- 1 Prise Paprikapulver
- 1 EL Rapsöl, plus etwas mehr zum Einfetten
- 2 EL grüne Thai-Currypaste
- 2 TL helle Sojasauce
- 2 Frühlingszwiebeln, fein gehackt, plus einige Streifen zum Garnieren
- 12 frische rohe Jakobsmuscheln, ausgelöst
- Salz und Pfeffer

So geht's

Die Nudeln in einem großen Topf mit Wasser 1½ Minuten oder nach Packungsangaben al dente kochen. Unter fließend kaltem Wasser abschrecken und gut abtropfen lassen.

Währenddessen die Margarine in einem kleinen Topf zerlassen. Den Knoblauch darin bei kleiner Hitze unter Rühren 1 Minute andünsten. Das Paprikapulver einstreuen und den Topf vom Herd nehmen.

Einen großen Wok auf starker Stufe erhitzen. Das Öl hineingeben, durch Schwenken darin verteilen und 30 Sekunden erhitzen. Currypaste, 2 Esslöffel Wasser und Sojasauce zugeben und zum Kochen bringen. Die Nudeln zufügen und unter vorsichtigem Rühren wieder erhitzen. Die gehackten Frühlingszwiebeln unterheben. Den Wok vom Herd nehmen und die Nudeln warm halten.

Eine gusseiserne Grillpfanne stark erhitzen und leicht mit Öl einfetten. Die Jakobsmuscheln darin 3 Minuten anbraten. Dabei mit der Knoblauchmargarine bestreichen. Die Muscheln wenden und höchstens weitere 2 Minuten braten (die Muscheln sollten noch einen glasigen Kern haben). Salzen und pfeffern. Die Nudeln auf vier vorgewärmte Servierteller aufteilen und je drei Muscheln darauf anrichten. Mit Frühlingszwiebeln garnieren und sofort servieren.

Krebsfleischküchlein

Gesund satt werden

Zutaten für 4 Portionen

- 2 Sprüher Pflanzenöl aus der Spraydose
- 450 g Krebsfleisch
- 1 Ei, leicht verquirlt
- 1 EL Mayonnaise
- 1 TL Dijon-Senf
- 1 TL Worcestersauce
- 1 EL Zitronensaft
- 2 EL Schnittlauchröllchen
- ¼ TL Salz
- 35 g Semmelbrösel

Kapernmayonnaise

- 4 EL Mayonnaise
- 2 TL Kapern, fein gehackt
- Zesten von 1 Bio-Zitrone

So geht's

Den Backofen auf 200 °C vorheizen. Ein Backblech mit Öl einsprühen.

In einer Schüssel Krebsfleisch, Ei, Mayonnaise, Senf, Worcestersauce, Zitronensaft, Schnittlauch, Salz und ein Drittel der Semmelbrösel sorgfältig vermengen.

Die restlichen Semmelbrösel auf einen Teller geben. Die Krebsfleischmischung zu acht etwa 6 cm großen Küchlein formen und in den Semmelbröseln wenden. Die Küchlein auf das vorbereitete Backblech legen und die Oberseite mit Pflanzenöl besprühen. Im vorgeheizten Ofen etwa 30 Minuten backen, bis sie gebräunt und knusprig sind.

Inzwischen für die Mayonnaise alle Zutaten in einer Schale verrühren. Die Krebsfleischküchlein sofort mit der Kapernmayonnaise servieren.

Venusmuscheln mit Speck

Gesund satt werden

Zutaten für 2 Portionen

- 1 kg frische Venusmuscheln, geputzt

Räucherspeckbutter
- 200 g Butter
- 2 Schalotten, fein gehackt
- 2 Knoblauchzehen, fein gehackt
- 100 g Räucherspeck, in Streifen geschnitten
- Saft von 1 Zitrone
- 1 kleines Bund glatte Petersilie, gehackt

So geht's

Die Muscheln mindestens 1 Stunde vor der Zubereitung wässern. Gut abtropfen lassen. Muscheln mit beschädigter Schale und Exemplare, die sich beim Antippen nicht schließen, aussortieren.

Den Grill für direktes Grillen bei starker Hitze vorbereiten.

Die Butter in einer großen Pfanne bei mittlerer Hitze zerlassen. Schalotten, Knoblauch und Räucherspeck darin 8–10 Minuten anbräunen. Die Pfanne vom Herd nehmen. Zitronensaft und Petersilie untermischen. Warm halten.

Die Muscheln auf den Rost geben und 4–5 Minuten grillen, bis sie sich geöffnet haben. Geschlossene Muscheln aussortieren.

Die Muscheln mit der Speckbutter mischen und sofort servieren.

Bedenkenlos naschen

Mokka-Soufflés mit Mascarpone

Bedenkenlos naschen

Zutaten für 4 Portionen

- 2 TL Butter, zum Einfetten
- 2 EL gemahlene Mandeln
- 1 EL Kakao, plus etwas mehr zum Bestäuben
- 1 EL frisch aufgebrühter starker Espresso
- 1 kleine Prise Meersalz
- 3 Eiweiß
- 1 EL Reissirup
- 4 gestrichene EL Mascarpone, zum Servieren

So geht's

Den Backofen auf 190 °C vorheizen. Vier Ramequin-Förmchen mit etwas Butter einfetten und mit den gemahlenen Mandeln ausstreuen, sodass Boden und Seitenwände bedeckt sind.

Kakao, Espresso, Salz und 5 Esslöffel Wasser in einem Topf auf niedriger Stufe erhitzen und so lange rühren, bis die Mischung glatt ist. Die Hitze auf mittlere bis starke Stufe erhöhen und die Flüssigkeit aufkochen. Eine weitere Minute kochen, dann in eine große Schüssel füllen und abkühlen lassen.

Das Eiweiß in einer zweiten, sauberen Schüssel mit dem Reissirup steif schlagen. Zunächst 1 Esslöffel Eischnee mit einem Metalllöffel unter die Kakaomischung heben, dann den Rest. Dabei darauf achten, dass die Masse so luftig wie möglich bleibt.

Die Soufflé-Masse in die Förmchen füllen und im vorgeheizten Ofen 10–12 Minuten backen, bis die Soufflés schön aufgegangen sind.

Den Mascarpone auf die Soufflés setzen und mit Kakao bestäuben. Servieren, bevor die Soufflés zusammenfallen.

Schoko-Limetten-Töpfchen

Bedenkenlos naschen

Zutaten für 4 Portionen

- 250 g Schlagsahne
- 1½ EL Reissirup
- 30 g Schokolade mit 85 % Kakaoanteil, in Stücke gebrochen
- fein abgeriebene Schale von 1 Bio-Limette, plus 1½ EL Saft
- 1 TL Kakao

So geht's

Die Sahne in einem Topf bei mittlerer Hitze langsam zum Kochen bringen. Den Reissirup unterrühren und 3 Minuten köcheln lassen. Schokolade und Limettenschale bis auf einen kleinen Rest sowie den Saft zufügen und rühren, bis die Schokolade geschmolzen ist.

Die Mischung in vier Espressotassen füllen. Mit Frischhaltefolie abgedeckt mindestens 4 Stunden im Kühlschrank fest werden lassen.

Mit Kakao bestäuben und mit der restlichen Limettenschale garnieren.

Süßkartoffel-Brownies

Bedenkenlos naschen

Zutaten für 12 Brownies

- 150 ml Olivenöl, plus etwas mehr zum Einfetten
- 175 g Süßkartoffeln, geraspelt
- 100 g Steviagranulat
- 50 g Kakao
- ½ TL Backpulver
- ½ TL Natron
- 50 g gemahlene Mandeln
- 2 Eier, verquirlt
- 20 g Walnusskerne, grob gehackt

So geht's

Den Backofen auf 180 °C vorheizen. Eine quadratische Backform (20 cm Seitenlänge) dünn mit Öl einfetten und so mit Backpapier auskleiden, dass es an den Rändern übersteht.

Alle Zutaten in eine große Schüssel geben und zu einem glatten Teig verarbeiten. In die vorbereitete Form füllen und im vorgeheizten Ofen 20 Minuten backen, bis der Teig schön aufgegangen ist. In der Mitte sollte er nicht ganz durchgebacken sein.

Den Teig etwa 15 Minuten abkühlen lassen, dann mithilfe des Backpapiers aus der Form heben. Das Papier vorsichtig abziehen und das Gebäck in zwölf Stücke schneiden. Lauwarm oder kalt servieren.

Avocado-Schokoladen-Creme

Bedenkenlos naschen

Zutaten für 4 Portionen

- 2 reife Avocados, grob gehackt
- 35 g Kakaopulver
- 2 EL Reissirup
- einige Tropfen Vanilleextrakt
- 1 kleine Prise Meersalz
- 2 EL ungesüßte Mandelmilch

So geht's

Alle Zutaten so lange im Mixer pürieren, bis die Masse glatt und luftig ist. Wenn sie zu dick ist, noch einen Spritzer Mandelmilch dazugeben.

Die Creme in vier kleine Tassen oder Dessertschalen füllen und sofort servieren oder abgedeckt im Kühlschrank bis zu 4 Stunden kalt stellen.

Panna Cotta mit Pistazien

Bedenkenlos naschen

Zutaten für 4 Portionen

- 3 Blätter weiße Gelatine
- 300 g Schlagsahne
- 200 ml ungesüßte Mandelmilch
- 1 Vanillestange, längs aufgeschnitten
- 2 EL Steviagranulat
- 2 EL Rosenwasser
- 2 EL ungesalzene Pistazienkerne, grob gehackt

So geht's

Die Gelatine in kaltem Wasser 5–10 Minuten einweichen.

Inzwischen Sahne und Mandelmilch in einen Topf gießen. Das Vanillemark mit einem Messer aus der Vanillestange kratzen. Beides in die Sahnemischung geben. Bei mittlerer bis starker Hitze unter gelegentlichem Rühren zum Kochen bringen. Dann 5 Minuten abkühlen lassen. Das Steviagranulat unterrühren und die Vanillestange entfernen.

Die Gelatineblätter ausdrücken und einzeln in die Sahnemischung rühren, bis sie sich aufgelöst haben. Die Mischung in vier Ramequin-Förmchen füllen und 15 Minuten abkühlen lassen. Mit Frischhaltefolie abdecken und im Kühlschrank mindestens 2 Stunden oder über Nacht fest werden lassen.

Eine Schüssel zur Hälfte mit kochendem Wasser füllen. Die Förmchen kurz hineintauchen, dann die Panna Cotta auf Servierteller stürzen. Mit dem Rosenwasser beträufeln und die Pistazien darüberstreuen.

Maracuja-Flammeris

Bedenkenlos naschen

Zutaten für 4 Portionen

- 2 Passionsfrüchte
- 4 Eier (Größe L)
- 175 ml Kokosmilch
- 3 EL Steviagranulat
- 1 TL Orangenblütenwasser

So geht's

Den Backofen auf 180 °C vorheizen. Die Passionsfrüchte halbieren, das Fruchtfleisch aus drei Hälften herauslösen und mit einem Teelöffel durch ein Haarsieb streichen, um die Kerne zu entfernen.

Die Eier in einer großen Schüssel mit Passionsfruchtmark, Kokosmilch, Stevia und Orangenblütenwasser aufschlagen.

Die Mischung in vier Ramequin-Förmchen füllen. Diese in eine ausreichend große Bratform setzen und so viel heißes Wasser zugießen, dass die Förmchen zur Hälfte darin stehen. Im vorgeheizten Ofen 40–45 Minuten stocken lassen.

Das Fruchtfleisch aus der übrigen Passionsfruchthälfte herauslösen und über die Flammeris geben. Sofort servieren oder mit Frischhaltefolie abgedeckt bis zu 8 Stunden in den Kühlschrank stellen.

Bratäpfel

Bedenkenlos naschen

Zutaten für 4 Portionen

- 3 EL abgezogene Mandeln
- 50 g große getrocknete Aprikosen
- 1 Stück Ingwerpflaume in Sirup, abgetropft
- 1 EL Honig
- 1 EL Ingwerpflaumensirup
- 4 EL Haferflocken
- 4 große Kochäpfel

So geht's

Den Backofen auf 180 °C vorheizen. Mit einem scharfen Messer Mandeln, Aprikosen und Ingwer sehr fein hacken und beiseitestellen.

Honig und Sirup in einen Topf geben und erhitzen, bis der Honig aufgelöst ist. Die Haferflocken unterrühren und bei kleiner Hitze 2 Minuten garen. Den Topf vom Herd nehmen und Mandeln, Aprikosen und Ingwer untermischen.

Das Kerngehäuse aus den Äpfeln ausstechen und die Öffnung oben etwas vergrößern. Die Schale ringsum einritzen, damit sie beim Backen nicht platzt. Die Äpfel in eine flache Auflaufform setzen und mit der Haferflockenmischung füllen. So viel Wasser in die Form füllen, dass die Äpfel zu einem Drittel im Wasser stehen. Im vorgeheizten Ofen 40 Minuten backen. Sofort servieren.

Gegrillte Feigen

Bedenkenlos naschen

Zutaten für 4 Portionen

- 8 vollreife frische Feigen, halbiert
- 4 EL Honig
- 2 EL fein gehackte Rosmarinnadeln (nach Belieben)
- 3 Eier

So geht's

Den Backofengrill vorheizen. Die Feigen mit der Schnittseite nach oben auf ein Backblech legen. Mit der Hälfte des Honigs bestreichen und nach Belieben mit dem Rosmarin bestreuen.

Unter dem vorgeheizten Grill 5–6 Minuten auf oberster Schiene grillen, bis der Honig zu karamellisieren beginnt.

Währenddessen für das Sabayon die Eier mit dem restlichen Honig in einer hitzebeständigen Schüssel verquirlen, auf einen Topf mit köchelndem Wasser setzen und mit einem elektrischen Handrührgerät 8–10 Minuten rühren, bis eine sämig blasse Masse entstanden ist.

Je vier Feigenhälften auf vier Desserttellern anrichten und mit dem Sabayon überziehen. Sofort servieren.

Gewürzbirnen

Bedenkenlos naschen

Zutaten für 4 Portionen

- 4 vollreife feste Birnen (à 140 g)
- 2 EL Zitronensaft
- 1 EL Honig
- 1 frischer roter Jalapeño-Chili, halbiert und entkernt
- 2 Sternanise
- 1 Zimtstange, zerdrückt
- 1 Zitronengrasstängel, zerdrückt
- 1-cm-Stück Ingwer, in Scheiben geschnitten
- 2 Gewürznelken
- 4 frische Lorbeerblätter

So geht's

Die Birnen möglichst dünn schälen. Den Stiel intakt lassen. Falls nötig, die Unterseite begradigen, damit die Früchte einen besseren Stand haben. Die Birnen in eine große Schüssel setzen. Mit dem Zitronensaft beträufeln und mit Wasser bedecken.

Honig, Chili, Sternanis, Zimtstange, Zitronengras, Ingwer, Gewürznelken, Lorbeerblätter und 300 ml Wasser in einen Topf mit Deckel geben und zum Kochen bringen. Die Hitze reduzieren und unter gelegentlichem Rühren 5 Minuten köcheln lassen, bis der Honig aufgelöst ist.

Die Birnen abtropfen lassen und in den Topf setzen. Den Sirup bis knapp unter den Siedepunkt erhitzen, dann die Hitze reduzieren und die Birnen bei geschlossenem Deckel 15–20 Minuten gar ziehen lassen.

Den Topf vom Herd nehmen und die Birnen im Sirup abkühlen lassen. Die erkalteten Birnen mit einem Schaumlöffel aus dem Sirup nehmen und in eine Servierform geben.

Den Sirup erneut erhitzen und 5–8 Minuten auf die Hälfte einkochen. 5–10 Minuten abkühlen lassen, über die Birnen gießen und servieren.

Grillananas mit Nussjoghurt

Bedenkenlos naschen

Zutaten für 4 Portionen

- 1 frische Ananas
- Rapsöl, zum Bestreichen
- 150 g Naturjoghurt (3,5 % Fett)
- 130 g Haselnusskerne, abgezogen und grob gehackt

So geht's

Die Blattkrone der Ananas entfernen und die Frucht in 2 cm dicke Scheiben schneiden. Erst mit einem scharfen Messer die Schale und die „Augen" entfernen, dann mit einem Kernausstecher den Strunk aus der Mitte herauslösen. Die Ringe halbieren.

Den Backofenrost mit Öl einfetten und den Backofengrill vorheizen. Joghurt und Haselnüsse in einer Schale verrühren.

Die Ananasstücke auf den Rost legen und unter dem vorgeheizten Grill auf oberster Schiene 3–5 Minuten goldbraun grillen. Sofort mit dem Nussjoghurt servieren.

Zitrus-Käsekuchen mit Mandeln

Bedenkenlos naschen

Zutaten für 8 Portionen

- 20 g Butter, plus etwas mehr zum Einfetten
- 100 g gemahlene Mandeln
- 50 g Mandeln, fein gehackt
- 2 EL ungesüßtes Mandelmus
- 2 EL Quinoamehl
- 2 EL Steviagranulat

Belag

- 250 g Mascarpone
- 300 g Doppelrahmfrischkäse
- 2 Eier (Größe L)
- fein abgeriebene Schale und Saft von 1 großen Bio-Zitrone
- 1 EL Quinoamehl
- 4 EL Steviagranulat

So geht's

Den Backofen auf 180 °C vorheizen. Eine Springform (20 cm Ø) leicht einfetten und den Boden mit Backpapier belegen.

Für den Mandelboden die Butter in einem kleinen Topf bei niedriger Hitze zerlassen und in eine große Schüssel füllen. Gemahlene und gehackte Mandeln sowie Mandelmus, Quinoamehl und Stevia untermischen. Die Masse in die vorbereitete Form geben und am Boden andrücken. Im vorgeheizten Ofen 25 Minuten backen. Aus dem Ofen nehmen und die Temperatur auf 120 °C reduzieren.

Für den Belag Mascarpone und Frischkäse in einer Schüssel glatt rühren. Die Eier einzeln sorgfältig einarbeiten. Zitronenschale und -saft, Quinoamehl und Stevia unterrühren.

Die Masse in die Form füllen und den Kuchen 50 Minuten backen. Abkühlen lassen, abdecken und 1–2 Stunden im Kühlschrank ruhen lassen.

Kürbistarte mit Pekannüssen

Bedenkenlos naschen

Zutaten für 8 Stücke

- 80 g gemahlene Mandeln
- 20 g Butter, gewürfelt
- 1 EL Kokosmehl
- 1 EL Steviagranulat
- 1 Ei
- 1 Prise Meersalz

Belag

- 700 g Kürbis, geschält und gewürfelt
- 2 EL Kokosmehl
- 2 EL Steviagranulat
- 1½ TL gemahlener Zimt
- 1 TL frisch geriebene Muskatnuss
- 20 g Butter, gewürfelt
- 2 Eier
- 3 EL Schlagsahne
- 20 g Pekannusskerne, grob gehackt

So geht's

Den Backofen auf 160 °C vorheizen. Eine Backform mit gewelltem Rand (24 cm Ø) mit Backpapier auskleiden.

Für den Mandelboden alle Zutaten mit einem elektrischen Rührgerät zu einem Teig verarbeiten. In die vorbereitete Form drücken und einen kleinen Rand bilden. Mehrmals mit einer Gabel einstechen. Im Ofen 15 Minuten backen, bis er goldbraun wird. Abkühlen lassen.

Inzwischen für den Belag den Kürbis in einem großen Topf mit leicht gesalzenem Wasser 10 Minuten kochen, bis er weich ist. Abtropfen und abkühlen lassen. Kokosmehl, Stevia, Zimt, Muskat und Kürbis im Mixer glatt pürieren. Butter, Eier und Sahne einarbeiten. Die Masse auf dem Teigboden verteilen.

Mit den Pekannüssen bestreuen und im Ofen 55–60 Minuten backen. Warm oder kalt servieren.

Zucchinikuchen mit Frischkäse

Bedenkenlos naschen

Zutaten für 10 Stücke

- 175 g gemahlene Mandeln
- ½ TL Backpulver
- ½ TL Natron
- 3 EL Steviagranulat
- 40 g gehackte gemischte Nüsse
- 50 g Butter
- 2 Eier (Größe L), verquirlt
- einige Tropfen Vanilleextrakt
- 200 g Zucchini, geraspelt

Glasur

- 200 g Doppelrahmfrischkäse
- 1 EL Steviagranulat
- fein abgeriebene Schale und Saft von ¼ Bio-Zitrone

So geht's

Den Backofen auf 160 °C vorheizen. Eine kleine Kastenform (22 cm x 12 cm) mit Backpapier auskleiden.

Mandeln, Backpulver, Natron, Stevia und die Hälfte der Nüsse in einer großen Schüssel gründlich vermischen.

Die Butter in einem kleinen Topf bei niedriger bis mittlerer Hitze zerlassen. Über die Trockenzutaten gießen. Eier, Vanilleextrakt und Zucchini zugeben und alles zu einem Teig verarbeiten.

Den Teig in die vorbereitete Form füllen und glatt streichen. Im vorgeheizten Ofen 55–60 Minuten backen, bis der Kuchen schön aufgegangen ist. Einen Holzspieß in die Teigmitte stechen. Wenn nichts daran haften bleibt, ist der Teig durchgebacken. Den Kuchen 15 Minuten abkühlen lassen, dann aus der Form lösen, das Backpapier abziehen und auf einem Kuchengitter abkühlen lassen.

Für die Glasur Frischkäse und Stevia in einer großen Schüssel glatt rühren. Zitronenschale und -saft kurz einarbeiten. Mit einem Teigschaber auf dem Kuchen verstreichen. Mit den restlichen Nüssen garnieren.

Erdbeer-Balsamico-Semifreddo

Bedenkenlos naschen

Zutaten für 3–4 Portionen

- 1 TL Honig
- 800 g vollreife Erdbeeren
- 2 EL Balsamico-Essig

Zum Dekorieren

- 4 Erdbeeren, halbiert
- frische Minzeblätter (nach Belieben)

So geht's

Falls vorhanden, mindestens 2 Stunden vorher die Schnellgefrierfunktion des Gefrierschranks einschalten. Honig und 80 ml Wasser in einen Topf geben und unter gelegentlichem Rühren zum Kochen bringen. Die Hitze so reduzieren, dass der Sirup köchelt. Die Erdbeeren zufügen und 2 Minuten köcheln lassen. Den Topf vom Herd nehmen und die Erdbeeren abkühlen lassen.

Erdbeeren mit Sirup und Balsamico-Essig in einen Mixer geben und 30 Sekunden grob pürieren.

Das Püree in einen tiefkühlgeeigneten Behälter füllen und 1–1½ Stunden gefrieren, bis es halb gefroren ist. Zwischendurch mindestens einmal umrühren.

Das Semifreddo in Gläser füllen. Mit den halben Erdbeeren und Minze, falls verwendet, dekorieren und sofort servieren. Vergessen Sie nicht, die Schnellgefrierfunktion des Gefrierschranks wieder auszuschalten.

Geeiste Bananen mit Schokosauce

Bedenkenlos naschen

Zutaten für 2 Portionen

- 2 kleine Bananen
- 2 TL geröstete Mandelblättchen

Schokosauce

- 30 g Steviagranulat
- 3 EL Kakaopulver
- 90 ml Milch
- 30 g Zartbitterschokolade, gehackt
- ½ TL Vanilleextrakt

So geht's

Die Bananen schälen, würfeln und 2 Stunden gefrieren. Die gefrorenen Bananenwürfel im Mixer oder mit dem Stabmixer glatt pürieren. Das Püree erneut etwa 1 Stunde gefrieren, bis es fest ist.

Für die Schokosauce Stevia, Kakao und Milch in einem kleinen Topf bei mittlerer Hitze zum Kochen bringen. Die Hitze auf kleine Stufe reduzieren und etwa 1 Minute rühren, bis sich Stevia und Kakao aufgelöst haben. Den Topf vom Herd nehmen, die gehackte Schokolade zugeben und rühren, bis sie geschmolzen ist. Den Vanilleextrakt unterrühren und das Ganze etwas abkühlen lassen.

Das Bananenpüree mit einem Eisportionierer auf zwei Dessertbecher verteilen und mit der Schokosauce überziehen. Mit den Mandelblättchen dekorieren und sofort servieren.

Himbeer-Mascarpone-Eiscreme

Bedenkenlos naschen

Zutaten für 8 Portionen

- 1 Ei (Größe L)
- 4 Eigelb (Größe L)
- 2½ EL Steviagranulat
- 100 g Mascarpone
- einige Tropfen Vanilleextrakt
- 400 g Schlagsahne
- 80 g Himbeeren, halbiert

So geht's

Ei, Eigelb und Stevia in eine große hitzebeständige Schüssel geben und mit einem elektrischen Handrührgerät 30 Sekunden aufschlagen. Die Schüssel auf einen Topf mit leicht köchelndem Wasser setzen (darauf achten, dass der Schüsselboden das Wasser nicht berührt) und rühren, bis die Masse luftig und hellgelb ist. Aber nicht zu lange rühren, sonst stockt das Ei.

Kaltes Wasser ins Spülbecken laufen lassen und die Schüssel hineinstellen. Die Creme weitere 2 Minuten rühren, bis sie etwas abgekühlt ist. Aus dem Wasser nehmen und beiseitestellen.

Mascarpone und Vanilleextrakt in einer zweiten Schüssel kurz verrühren. Die Sahne dazugeben und alles glatt rühren.

Die Eiermasse mit einem Metalllöffel unter den Mascarpone ziehen, dabei darauf achten, dass die Masse so luftig wie möglich bleibt. Die Himbeeren unterheben.

Die Masse in einen gefriergeeigneten Behälter füllen. Mit dem Deckel schließen und 4 Stunden im Gefrierfach fest werden lassen. Die Eiscreme zum Antauen 10 Minuten vor dem Servieren aus dem Gefrierfach nehmen und in Gläser oder Dessertschalen füllen.

Schoko-Kirsch-Sorbet

Bedenkenlos naschen

Zutaten für 4 Portionen

- 3 EL Steviagranulat
- 25 g Kakao
- ¼ TL gemahlener Piment
- 4 Kirschen, entsteint und gehackt
- 70 g Schokolade mit 85 % Kakaoanteil, in Stücke gebrochen
- 4 ganze Kirschen, zum Garnieren

So geht's

300 ml Wasser mit Stevia, Kakao, Piment und gehackten Kirschen in einem Topf verrühren und bei mittlerer Hitze zum Kochen bringen.

Den Topf vom Herd nehmen und die Mischung 2–3 Minuten abkühlen lassen. Die Schokolade unterrühren, bis sie geschmolzen ist. Die Masse in einen gefriergeeigneten Behälter füllen. Mit dem Deckel schließen und 4 Stunden im Gefrierfach fest werden lassen. Dabei mit einer Gabel alle 30 Minuten rühren, um große Eiskristalle aufzubrechen. Die ganzen Kirschen ebenfalls ins Gefrierfach geben.

Das Sorbet zum Antauen 10 Minuten vor dem Servieren aus dem Gefrierfach nehmen. In Gläser oder Dessertschalen füllen und mit je einer gefrorenen Kirsche garnieren.

Geeister Joghurt mit Beeren

Bedenkenlos naschen

Zutaten für 12 Portionen

- 450 g Naturjoghurt
- fein abgeriebene Schale von ½ Bio-Orange
- 225 g gemischte Erdbeeren, Blau- und Himbeeren
- 12 kleine Minzeblättchen, zum Garnieren

So geht's

Eine 12er-Muffinform mit Papierbackförmchen auskleiden.

Joghurt und Orangenschale in einer Schüssel verrühren. Zwei Drittel der Erdbeeren in kleinere Stücke schneiden und unter den Joghurt heben. Ebenfalls je zwei Drittel der anderen Beeren untermischen.

Die Masse in die vorbereiteten Förmchen füllen und 2 Stunden im Gefrierfach fest werden lassen. Mit den restlichen Beeren und mit der Minze garnieren.

Natürlich süß gebacken

Erdnusscookies

Natürlich süß gebacken

Zutaten für ca. 15 Stück

- 115 g weiche Butter
- 100 g Steviagranulat
- 190 g Erdnussbutter (fein oder grob)
- 1 Ei (Größe L)
- 1 TL Vanilleextrakt
- 55 g Haferflocken
- 70 g Mehl (Type 405)
- 70 g Weizenvollkornmehl
- 2 EL Leinsamenschrot
- 1 TL Backpulver
- 1 TL Natron
- ½ TL Salz

So geht's

Den Backofen auf 180 °C vorheizen. Ein Backblech mit Backpapier belegen. Butter und Stevia in einer großen Schüssel mit dem elektrischen Handrührgerät cremig rühren. Erdnusscreme, Ei und Vanilleextrakt sorgfältig einarbeiten.

In einer zweiten Schüssel Haferflocken, beide Mehlsorten, Leinsamen, Backpulver, Natron und Salz mischen und unter die Buttermasse rühren, bis ein dicker Teig entstanden ist.

Gehäufte esslöffelgroße Teigportionen auf das Backblech setzen und mit einer Gabel leicht flach drücken. Im vorgeheizten Ofen 14–16 Minuten backen, bis die Ränder leicht gebräunt sind. Einige Minuten auf dem Blech abkühlen lassen, dann die Cookies auf ein Kuchengitter heben und vollständig abkühlen lassen.

Hafer-Honig-Riegel

Natürlich süß gebacken

Zutaten für 16 Riegel

- 170 g Butter, plus etwas mehr zum Einfetten
- 3 EL Honig
- 100 g Steviagranulat
- 100 g glatte Erdnussbutter
- 225 g Haferflocken
- 50 g getrocknete Aprikosen, gehackt
- 2 EL Sonnenblumenkerne
- 2 EL Sesamsaat

So geht's

Den Backofen auf 180 °C vorheizen. Eine quadratische Backform (22 cm x 22 cm) einfetten.

Die Butter mit Honig und Stevia bei kleiner Hitze in einem Topf zerlassen. Wenn sich das Steviagranulat aufgelöst hat, die Erdnussbutter zufügen und rühren, bis eine glatte Masse entstanden ist. Die restlichen Zutaten sorgfältig unterrühren.

Die Masse in die vorbereitete Form drücken und im vorgeheizten Ofen 20 Minuten backen. Aus dem Ofen nehmen und in der Form abkühlen lassen. Dann in 16 Stücke schneiden und servieren.

Dattel-Pistazien-Schnitten

Natürlich süß gebacken

Zutaten für 12 Schnitten

- 250 g Datteln, entsteint und gehackt
- 2 EL Zitronensaft
- 90 g Pistazien, gehackt
- 2 EL klarer Honig
- Milch, zum Bestreichen

Teig

- 225 g Mehl
- 1 EL Steviagranulat
- 150 g Butter

So geht's

Datteln, Zitronensaft und 2 Esslöffel Wasser in einen Topf geben und unter Rühren aufkochen. Vom Herd nehmen. Die gehackten Pistazien und 1 Esslöffel Honig einrühren, abdecken und abkühlen lassen.

Den Backofen auf 200 °C vorheizen. Ein Backblech mit Backpapier auslegen. Für den Teig Mehl, Stevia und Butter in die Küchenmaschine geben und zu feinen Streuseln verarbeiten.

Maximal 4–5 Esslöffel kaltes Wasser zugeben, sodass ein weicher, aber nicht klebriger Teig entsteht.

Auf einer bemehlten Arbeitsfläche zu zwei Teigplatten von 30 cm x 20 cm ausrollen. Eine Teigplatte auf ein Backblech legen. Die Dattel-Nuss-Mischung auf dem Teig verstreichen, dabei an allen Seiten etwa 1 cm frei lassen. Die zweite Teigplatte darauflegen. Mit den Fingern an den Rändern festdrücken. Dann mit dem Messer die Ränder begradigen und zwölf Schnittkanten auf dem Teig markieren. Mit Milch bestreichen.

Im Ofen 20–25 Minuten goldbraun backen. Mit dem restlichen Honig bestreichen und auf einem Kuchengitter abkühlen lassen. Entlang der markierten Kanten in zwölf Schnitten teilen.

Malz-Schoko-Ecken

Natürlich süß gebacken

Zutaten für 16 Stück

- 100 g Butter, plus etwas mehr zum Einfetten
- 2 EL Ovomaltine
- 225 g Biskuitkekse
- 75 g Zartbitterschokolade, in kleine Stücke gebrochen

So geht's

Eine Springform (18 cm Ø) einfetten und mit Backpapier auslegen.

Butter und Ovomaltine unter ständigem Rühren in einem Topf erhitzen, bis sich alles gut verbunden hat.

Die Kekse in einen Gefrierbeutel legen und mit einer Kuchenrolle zerdrücken oder im Mixer zerkleinern. Die zerbröselten Kekse in die Buttermischung geben und gut verrühren.

Die Mischung in die vorbereitete Form füllen, fest andrücken und dann in den Kühlschrank stellen, bis sie fest geworden ist.

Die Schokolade unter ständigem Rühren im Wasserbad schmelzen. Über den Keksboden gießen und abkühlen lassen. Zum Servieren mit einem scharfen Messer in Tortenstücke schneiden.

Grünkohl-Scones

Natürlich süß gebacken

Zutaten für 10–12 Scones

- 200 g Grünkohl, geputzt
- 2 EL Pflanzenöl
- 2 Schalotten, fein gehackt
- 250 g Weizenvollkornmehl, plus etwas mehr zum Bestäuben
- 2 TL Backpulver
- ½ TL Natron
- ¼ TL Salz
- ¼ TL Pfeffer
- 60 g Butter, gewürfelt
- 150 g Blauschimmelkäse, zerbröselt
- 1 Ei, leicht verquirlt
- 100–125 ml Buttermilch
- 1 Eigelb
- 1 EL Milch
- Butter, zum Servieren (nach Belieben)

So geht's

Den Grünkohl im Dampfkocher 7–10 Minuten garen. Abkühlen lassen, fein hacken und mit den Händen möglichst viel Flüssigkeit herauspressen.

Inzwischen das Öl bei mittlerer Temperatur in einer Pfanne erhitzen. Die Schalotten darin etwa 5 Minuten braten, dann abkühlen lassen.

Den Backofen auf 200 °C vorheizen. Ein Backblech mit Backpapier auslegen.

Mehl, Backpulver, Natron, Salz und Pfeffer in der Küchenmaschine mit der Butter mixen, bis eine bröselige Masse entsteht. Schalotten, Grünkohl und 75 g Käse zufügen. Erneut mixen. Ei und 100 ml Buttermilch zugeben. Kurz mixen, um alles zu einem weichen, leicht klebrigen Teig zu vermischen. Wenn er zu trocken erscheint, noch etwas Buttermilch zufügen.

Den Teig auf einer bemehlten Arbeitsfläche 2 cm dick ausrollen. Mit einer runden Ausstechform (6 cm Ø) 10–12 Kreise ausstechen. Auf das vorbereitete Backblech legen.

Eigelb und Milch verrühren. Die Scones damit einpinseln, dann mit dem restlichen Käse bestreuen. Im vorgeheizten Ofen auf der mittleren Schiene 15–18 Minuten backen, bis sie aufgegangen sind oder bis an einem in der Mitte eingestochenen Holzspieß keine Teigreste mehr haften. Die Scones schmecken am besten frisch aus dem Backofen. Sie können vor dem Servieren aufgeschnitten und mit Butter bestrichen werden.

Zucchinibrot mit Parmesan

Natürlich süß gebacken

Zutaten für 1 Laib

- 225 g Mehl, plus etwas mehr zum Bestäuben
- 225 g Weizenvollkornmehl
- 1 Tütchen Backpulver
- 1 TL Salz
- ½ TL Pfeffer
- 1½ TL Senfpulver
- 60 g Butter, gewürfelt, plus etwas mehr zum Einfetten
- 225 g Zucchini, grob geraspelt und trocken getupft
- 150 g Parmesan, frisch gerieben
- 1 TL fein gehackter frischer Thymian
- 2 Eier, verquirlt
- 175 ml fettarme Milch

So geht's

Den Backofen auf 190 °C vorheizen. Ein Backblech einfetten und beiseitestellen. Mehl und Vollkornmehl in eine Schüssel geben. Backpulver, Salz, Pfeffer und Senfpulver untermischen, dann die Butter zugeben und alles mit den Händen zu einer bröseligen Masse verarbeiten. Zucchini, Käse und Thymian zugeben. Eier und Milch zufügen und alles zu einem weichen Teig vermengen.

Den Teig auf einer leicht bemehlten Arbeitsfläche kurz durchkneten, dann zu einem runden Laib (20 cm Ø) formen. Auf das vorbereitete Backblech legen und die Oberseite mit einem scharfen Messer dreimal recht tief einschneiden.

Im vorgeheizten Ofen 40—50 Minuten backen, bis das Brot aufgegangen und goldbraun ist. Auf einem Kuchengitter abkühlen lassen. Warm oder kalt in Scheiben schneiden und servieren.

Parathas mit Blumenkohl

Natürlich süß gebacken

Zutaten für 8 Stück

- 225 g Weizenvollkornmehl
- 100 g Mehl, plus etwas mehr zum Bestäuben
- 1 TL frisch gemahlene Kardamomsamen
- 2 TL Salz
- 250 ml warme Buttermilch
- 150 g Ghee oder Butter, zerlassen

Füllung

- 2 EL Pflanzen- oder Erdnussöl
- 2 TL Kreuzkümmelsamen
- 1 EL scharfes Currypulver
- 4 Knoblauchzehen, zerdrückt
- 2 TL frisch geriebener Ingwer
- 150 g Blumenkohlröschen, sehr fein gehackt
- 2 TL Salz
- 2 Kartoffeln, gekocht, geschält und grob zerstampft
- 6 EL fein gehackter frischer Koriander

So geht's

Für die Füllung das Öl in einer Pfanne auf mittlerer Stufe erhitzen. Kreuzkümmelsamen, Currypulver, Knoblauch, Ingwer und Blumenkohl darin 8—10 Minuten braten, bis der Blumenkohl gar ist. Salz und Kartoffeln zugeben und gut vermengen. Vom Herd nehmen und den Koriander unterrühren. Abkühlen lassen.

Beide Mehlsorten in einer große Schüssel mit Kardamom, Salz, Buttermilch und 2 Esslöffeln Ghee zu einem weichen Teig verarbeiten. Auf einer leicht bemehlten Arbeitsfläche 10 Minuten kneten und zu einer Kugel formen. Den Teig mit einem feuchten Küchentuch zugedeckt 20 Minuten ruhen lassen. Dann in acht gleich große Portionen teilen und diese in 15 cm große Kreise ausrollen.

Ein wenig Füllung jeweils in die Mitte eines Teigkreises geben und die Seiten zur Mitte zusammenfalten. Leicht andrücken und mit einem mit Mehl bestäubten Nudelholz 15 cm große Parathas ausrollen. Mit dem restlichen Teig und der Füllung ebenso verfahren. Alle mit etwas Ghee bestreichen.

Eine beschichtete gusseiserne Pfanne auf mittlerer Stufe erhitzen. Die Parathas darin einzeln 1—2 Minuten backen. Wenden, mit etwas mehr Ghee bestreichen und weitere 1—2 Minuten backen. Warm halten, während die restlichen Parathas zubereitet werden. Sofort servieren.

Walnuss-Saaten-Brot

Natürlich süß gebacken

Zutaten für 2 Laibe

- 450 g Weizenvollkornmehl
- 450 g Weizenmehl (Type 550), plus etwas mehr zum Bestäuben
- 2 EL Sesamsaat
- 2 EL Sonnenblumenkerne
- 2 EL Mohnsaat
- 120 g Walnusskerne, gehackt
- 2 TL Salz
- 2 Tütchen Trockenbackhefe
- 2 EL Oliven- oder Walnussöl
- 1 EL Öl, zum Einfetten

So geht's

Beide Mehlsorten, Sesam, Sonnenblumenkerne, Mohn, Walnüsse, Salz und Hefe in einer großen Schüssel mischen. Das Öl und nach und nach 750 ml lauwarmes Wasser einarbeiten, bis ein weicher Teig entstanden ist. Auf einer leicht bemehlten Arbeitsfläche 5–7 Minuten kneten, bis der Teig glatt und elastisch ist.

Den Teig wieder in die Schüssel geben und abgedeckt mit einem feuchten Tuch an einem warmen Ort 1–1½ Stunden gehen lassen, bis sich das Teigvolumen verdoppelt hat. Den Teig auf einer leicht bemehlten Arbeitsfläche nochmals 1 Minute durchkneten.

Zwei kleinere Kastenformen sorgfältig mit Öl einfetten. Den Teig halbieren. Die beiden Hälften zu Rechtecken ausrollen, die so lang sind wie eine Form und dreimal so breit. Die beiden äußeren Drittel der Rechtecke über das mittlere klappen und den Teig mit der Kante nach unten in die Form legen.

Abgedeckt nochmals etwa 30 Minuten an einem warmen Ort gehen lassen, bis der Teig bis zum Rand der Form aufgegangen ist.

Inzwischen den Backofen auf 230 °C vorheizen. Die Brote 25–30 Minuten auf der mittleren Schiene im Ofen goldbraun backen. Wenn die Brote zu schnell bräunen, die Temperatur auf 220 °C reduzieren. Auf einem Kuchengitter abkühlen lassen.

Oliven-Tomaten-Brot

Natürlich süß gebacken

Zutaten für 2 Laibe

- 400 g Weizenmehl, plus etwas mehr zum Bestäuben
- 1 TL Salz
- 1 Päckchen Trockenhefe
- 1 EL frisch gehackter Thymian
- 4 EL Olivenöl, plus etwas mehr zum Bestreichen
- 50 g schwarze Oliven, in Scheiben geschnitten
- 50 g grüne Oliven, in Scheiben geschnitten
- 100 g sonnengetrocknete Tomaten, abgetropft und in Streifen geschnitten
- 1 Eigelb, verquirlt

So geht's

Mehl und Salz in eine Schüssel sieben. Hefe und Thymian einrühren. Eine Mulde in die Mitte drücken. Öl und 200 ml lauwarmes Wasser hineingießen. Zunächst mit einem Holzlöffel verrühren, dann mit den Händen weiterkneten, bis sich der Teig zu einer Kugel formt und von der Schüssel löst. Den Teig auf eine leicht bemehlte Arbeitsfläche geben und Oliven und Tomaten unterkneten. Dann noch 5 Minuten gründlich kneten, bis der Teig glatt und elastisch ist.

Den Teig zu einer Kugel formen. In eine eingefettete Schüssel legen, mit Frischhaltefolie abdecken und an einem warmen Ort 1–1½ Stunden gehen lassen, bis sich sein Volumen verdoppelt hat.

Ein Backblech mit Mehl bestäuben. Den Teig auf einer bemehlten Arbeitsfläche mit den Fäusten klopfen und wieder aufkneten. Den Teig halbieren und mit leicht bemehlten Händen jede Hälfte zu einem ovalen oder runden Laib formen. Die Laibe auf das Backblech legen. Das Backblech mit einem feuchten Küchentuch bedecken. An einem warmen Ort noch einmal 45 Minuten gehen lassen.

Den Backofen auf 200 °C vorheizen. Jeden Laib schräg dreimal 1 cm tief einschneiden und mit dem verquirlten Eigelb bestreichen. 40 Minuten goldbraun backen. Das Brot ist fertig, wenn es beim Klopfen auf die Unterseite hohl klingt. Auf einem Kuchengitter abkühlen lassen.

Käse-Schnittlauch-Brot

Natürlich süß gebacken

Zutaten für 8 Portionen

- 225 g Mehl
- 2 TL Backpulver
- 1 TL Salz
- 1 TL Senfpulver
- 100 g reifer herzhafter Käse, gerieben
- 2 EL frisch gehackter Schnittlauch
- 1 Ei, verquirlt
- 25 g Butter, zerlassen, plus etwas mehr zum Einfetten
- 150 ml Milch

So geht's

Eine Backform (24 cm x 24 cm) einfetten und mit Backpapier auslegen. Den Backofen auf 190 °C vorheizen.

Mehl, Backpulver, Salz und Senfpulver in eine große Schüssel sieben.

3 Esslöffel Käse zum Bestreuen beiseitestellen. Den restlichen Käse mit dem Schnittlauch zu der Mehlmischung geben und gut verrühren. Ei, Butter und Milch zufügen und alles zu einem Teig verarbeiten.

Den Teig in die Form geben, mit einem Messer glatt streichen und mit dem beiseitegestellten Käse bestreuen.

Das Brot im vorgeheizten Backofen 30 Minuten backen. Das fertige Brot in der Form leicht abkühlen lassen. Vor dem Servieren auf einem Kuchengitter ganz abkühlen lassen.

Fladenbrot mit Rosmarin

Natürlich süß gebacken

Zutaten für 1 Laib

- 450 g Weizenmehl (Type 550), plus etwas mehr zum Bestäuben
- ½ TL Salz
- 1½ TL Trockenhefe
- 2 EL frisch gehackter Rosmarin, plus einige Nadeln zum Dekorieren
- 5 EL Olivenöl, plus etwas mehr zum Bestreichen
- 1 rote Zwiebel, in dünne Ringe geschnitten
- 1 EL grobes Meersalz

So geht's

Mehl und Salz in eine Schüssel sieben. Die Hefe und den gehackten Rosmarin einrühren. Eine Mulde in die Mitte drücken. 3 Esslöffel Öl und 300 ml lauwarmes Wasser hineingeben. Gründlich mit einem Holzlöffel verrühren, bis sich ein erster Teig formt, dann mit den Händen weiterkneten, bis sich der Teig in einer Kugel von der Schüssel löst. Den Teig auf einer leicht bemehlten Arbeitsfläche 10 Minuten gründlich kneten, bis er glatt und elastisch ist.

Den Teig zu einer Kugel formen. In eine eingefettete Schüssel legen, mit Frischhaltefolie abdecken und an einem warmen Ort 1 Stunde gehen lassen, bis sich sein Volumen verdoppelt hat.

Ein Backblech mit Öl bestreichen. Den Teig auf einer leicht bemehlten Arbeitsfläche mit den Fäusten klopfen und etwa 1 Minute wieder aufkneten. Dann die Kugel zu einer Teigplatte von etwa 30 cm Ø ausrollen und auf das Backblech legen. Das Backblech mit einem feuchten Küchentuch bedecken. An einem warmen Ort weitere 20–30 Minuten gehen lassen.

Den Backofen auf 200 °C vorheizen. Mit dem Griff eines Holzlöffels den Teig an der Oberfläche regelmäßig eindrücken. Die Zwiebelringe darauf verteilen, mit dem restlichen Olivenöl beträufeln und mit dem Meersalz bestreuen. 20 Minuten backen. Mit den Rosmarinzweigen belegen und noch einmal 5 Minuten goldbraun backen. Auf einem Kuchengitter leicht abkühlen lassen. Lauwarm servieren.

Irisches Sodabrot

Natürlich süß gebacken

Zutaten für 1 Laib

- 450 g Mehl
- 1 TL Salz
- 1 TL Natron
- 400 ml Buttermilch
- Butter, zum Einfetten

So geht's

Den Backofen auf 220 °C vorheizen.

Mehl, Salz und Natron in eine Rührschüssel sieben. Eine Mulde in die Mitte drücken und die Buttermilch fast vollständig hineingeben.

Alles gut mit den Händen vermengen. Der Teig sollte sehr weich, aber nicht zu feucht sein. Bei Bedarf noch etwas Buttermilch zugeben.

Den Teig auf einer leicht bemehlten Arbeitsfläche leicht durchkneten. Einen runden Laib mit 20 cm Ø formen.

Den Laib auf ein eingefettetes Backblech geben und kreuzförmig einschneiden. Das Brot 25–30 Minuten im Ofen backen. Das Brot ist fertig, wenn es beim Klopfen auf die Unterseite hohl klingt. Auf einem Kuchengitter abkühlen lassen.

Wok

Grillen

Nudel Gerichte

Salate

Tapas

Schokolade

Schnelle Gerichte

Cocktails

Desserts

Partyküche

Cupcakes & Muffins

Vegan

Säfte & Shakes

Studenten Küche

Vegetarisch

Backen

Register